日本語教育実践入門
日本語の分析から
教材・授業の創造まで

A Progressive Introduction to Teaching Japanese
Toward a Teacher with Analytical and Creative Mind

近藤安月子・丸山千歌 [著]
KONDOH Atsuko and MARUYAMA Chika

東京大学出版会
University of Tokyo Press

A Progressive Introduction to Teaching Japanese:
Toward a Teacher with Analytical and Creative Mind
KONDOH Atsuko and MARUYAMA Chika
University of Tokyo Press, 2021
ISBN 978-4-13-082021-9

まえがき

　今日まで，日本語教育では研究と実践による経験を基にして，数多くの日本語教材と日本語教師養成のためのテキストが開発されてきました．そして，学問分野としても「日本語教育学」が認められるようになりました．

　しかし，日本語教材を実際に手にとってモデル会話や練習を検討してみると，「自然さ」「適切さ」の観点から疑問が生まれることがあります．また，さらに検証していくと，実は日本語分析などの研究成果を日本語教育の現場に十分に応用できていないのではないかということに気づかされます．

　今後，日本の社会は多くの日本語非母語話者を迎える時代に向かいます．そして，日本語教師を志す者にはさらに専門性が求められ，日本語教師に「なる」だけでなく，教育現場で研修を重ね，研鑽を積みながら成長していくことが期待されていきます．

　日本語教師として学ぶべき領域は多岐にわたりますが，その中で，目標言語としての「日本語」は必須です．その「日本語」について，これから求められていくのは，発話者の意図が伝わる日本語のみでなく，聞き手や話題，話す状況といった文脈に配慮した自然な日本語でしょう．日本語教師にはこれらの現場のニーズに応えるべく，自らの日本語を振り返り，客観的に分析し，教育現場に生かす力が必要です．

　この考えに基づいて，本書では日本語教科書であまり取り上げられてこなかった項目を扱い，日本語教師を志す読者の皆さんの振り返りや分析（内省）に基づいた気づきを促します．毎日の運動だと思って，一緒に考えてください．きっと頭を柔らかくして日本語を分析的に考え，日々の日本語授業に生かす工夫を行う習慣がつくと思います．本書は，このような力を備えた日本語教師のことを「開発型日本語教師」と呼び，その育成を目指します．

　本書が対象とする読者は，日本語教育に関心を持つ学生，社会人の皆さん，日本語教育の現場に立って間もない先生がた，現場での実践にもう少し工夫を凝らして生き生きとした授業を作りたいとお考えの先生がたなどです．本書で取り上げる日本語は，初級修了から初・中級で教授可能なものです．

　本書は，私たちがこれまで出会ってきた日本語学習者の皆さんとのやりとり，同僚の大勢の日本語教師の先生がたとの現場体験を踏まえています．巻

末に参考資料を掲載しました．本書のウェブには，若手の日本語教師のモデル教案と教案フォーマット，および問題の解答例を掲載してあります．適宜ご覧になってください．モデル教案は益本佳奈さんが作成してくださいました．

　最後になりましたが，東京大学出版会編集部の小暮明さんにお礼を申し上げます．小暮さんには，ほぼ20年にわたり私どもの企画を支え続けていただいており，本書の出版にあたっても，企画の段階から大変お世話になりました．この場を借りて深く感謝申し上げます．

　2021年3月

近藤安月子・丸山千歌

目　次

はじめに──「開発型日本語教師」になるために…………1

第①課　「わたし」「あなた」の使い方と願望・希望の表現………………… 3
──「わたし」と「あなた」／「V-たい」と「V-てほしい」をいつ・どう使う？

第②課　話し手の経験や物事の進捗の表現………………………… 23
──「もう」「まだ」／「した」「したことがある」をいつ・どう使う？

【ウェブ】（http://www.utp.or.jp/news/n39695.html）

問題の解答例

教案フォーマット

第1課の教案例

第2課の教案例

本書の使い方

本書のねらい

　日本語教科書で十分に扱われてこなかった項目を扱い，読者が振り返りや分析（内省）をしながら，自身の日本語を客観的に見直す力を養う．また，既存の概説書や教材に頼り過ぎずに，身の回りの日本語を観察し，授業活動を念頭に置いた教材開発に生かせるようになることを目指します．

本書の構成

　「はじめに」，第 1〜12 課，「おわりに」などから成り立ちます．各課の表題では，そこで取り上げる表現を端的に示しています．

各課の構成

　各課は次の構成になっています．

　授業の準備をする…「ゴール」は，その課の授業の目標を提示します．「教授項目」は，その課で扱う文法・文型を示します．

　日本語を振り返る…ここからは読み手である皆さんが本書の問いかけに応じて能動的に考えます．モデル会話の中から教授項目を探し出し，どのような意図でその教授項目が配置されているかを考えます．

　日本語を分析する…ここにはいくつかの問いがあります．あなた自身が内省することを通して，教授項目を分析します．解答は一部分のみ本文に示します．ほかの部分はウェブサイトを参照してください．

　教材を作成する…教授項目についての理解を踏まえて，ロールプレイ，読解教材，作文課題などのいろいろな活動を実際に考えます．

　授業をデザインする…あなた自身が作成した練習を活用しながら，実際に授業をどのように組み立てるかを考えます．

練習や授業のモデル

　各課を終えると，1つの授業が具体的に計画できるようになっています．各課では4つの場面（①社会的生活，②社会的生活，③個人の生活，④個人の生活）が用意されており，どれか1つがモデルとして提示されます．授業活動によってモデルとして選ぶ場面は異なります．

　自身で各課の活動に取り組む際にも，4つの場面のどれかを選んでください．ずっと同じ選択肢を選んで活動に取り組むと，あなたが作成する練習や授業に一貫性が生まれます．

ウェブ

　本書に加えて，ウェブには「問題の解答例」「教案フォーマット」「第1課の教案例」「第2課の教案例」を掲載しています．これらについては，次のURLからダウンロードできます．

http://www.utp.or.jp/news/n39695.html

本書が前提とする日本語レベル

日本語運用力の評価尺度について

　日本語運用力を測る尺度には，以下のようなものがあります．ウェブページの URL も紹介しますので，ご自身で調べてみましょう．それぞれ理念や測り方に特徴があることが見えてくると思います．

CEFR（Common European Framework of Reference for Languages: Learning, Teaching, Assessment，外国語の学習・教授・評価のためのヨーロッパ言語共通参照枠）

　　https://www.coe.int/en/web/common-european-framework-reference-languages

JF 日本語教育スタンダード

　　https://jfstandard.jp/summary/ja/render.do

日本語能力試験

　　https://www.jlpt.jp/

OPI（Oral Proficiency Interview）

　　https://www.actfl.org/resources/actfl-proficiency-guidelines-2012/japanese

　この教科書では，CEFR A2 レベル修了段階からの日本語レベルを前提にして，開発型日本語教師になるための学習を行います．

用語・記号・文法について

用　語

Can-do…Can-do statements. 「～ができる」という表現で示される（非言語を含む）言語運用力に関する記述．到達目標として提示されることが多く，本書もこれを採用する．

（練習の）キュー（cue）…練習の手がかりとなる刺激．視覚的なものでも，聴覚的なものでもよい．

生教材・レアリア…教育のために作られた素材ではなく，実際の母語話者向けの音声や文字情報の素材．実物．

記　号

*	…非文法的な文
? ?? ???	…容認しにくい文で，?が多いほど容認度が下がる
#	…文法的ではあるが，与えられた文脈の中で適切に解釈されない文
【　】	…文脈や派生的な意味
［　］	…各表現のニュアンス
（　）	…補足説明
⇒	…言い換えた語・文
＝	…対応する語・文
cf.	…参照
N	…Noun. 名詞とナ名詞
V	…Verb. 動詞
A	…Adjective. 形容詞

学校文法と日本語教育文法の違い

　日本語教育でよく使われる文法は，日本語母語話者が「国語」で習う文法（学校文法）とは異なります．たとえば，品詞は学校文法では表1のように

整理されます.

表1　学校文法の品詞

自立語	活用あり	述語になれる：動詞，形容詞，形容動詞
	活用なし	主語になれる：名詞
		主語になれない：副詞，連体詞，接続詞，感動詞
付属語	活用あり	助動詞
	活用なし	助詞（格助詞，接続助詞，終助詞など）

　しかし，自立語の品詞分類は，表2のように学校文法と日本語教育文法で異なります.

表2　自立語の品詞分類の対応

	学校文法	日本語教育文法	例
自立語	名詞	名詞	本，学生
	動詞	動詞	行く，読む，書く
	形容詞	イ形容詞／形容詞	大きい，おいしい
	形容動詞	ナ形容詞／ナ名詞	元気だ，上手だ，静かだ
	副詞	副詞	とても，非常に，時々

　付属語の中で，格助詞は，日本語教育では「ガ格」「ヲ格」「ニ格」などと呼びます.「ハ」「モ」などの係助詞と「ダケ」「サエ」などの副助詞は区別せず，何かに焦点を当てるという共通の機能に着目して「とりたて助詞」と呼びます. 接続助詞と終助詞は概ね同じです.

　助動詞については，学校文法と日本語教育文法で分析の視点が大きく異なります. 学校文法の助動詞の打消しの「ない」，使役の「させ」，受け身の「られ」，条件の「ば」などは，日本語教育文法では，述語の語形変化に組み込まれ，表3のように，動詞のナイ形，使役形，受け身形，バ形，タラ形のほか，テ形，タリ形などと呼びます.

表3　日本語教育文法の「読む」の活用

辞書形	読む	マス形	読みます
テ形	読んで	受け身形	読まれる
タ形	読んだ	使役形	読ませる
タラ形	読んだら	可能形	読める
タリ形	読んだり	バ形	読めば
ナイ形（否定形）	読まない	意向形	読もう

また，表4のように動詞の分類も異なります．

表4　動詞分類の対照

	動詞の分類				
	読む，書く	見る，起きる	食べる，寝る	する	来る
学校文法	五段動詞	上一段動詞	下一段動詞	サ行変格活用動詞	カ行変格活用動詞
日本語教育文法	Ⅰ類動詞子音（語幹）動詞 U-verbs	Ⅱ類動詞母音（語幹）動詞 Ru-verbs		不規則動詞不規則動詞 Irregular Verbs	

本書では，日本語教育文法の用語を使用します．詳しくは，近藤（2008）などを参照してください．

はじめに
「開発型日本語教師」になるために

「いい日本語教師」のイメージ

　この教科書で学ぶための土台づくりとして,「いい日本語教師」について考えてみたいと思います.

　①あなたにとって「いい日本語教師」とはどのような教師ですか. 思いついたイメージを書き出してください.

　「明るい」「根気がある」「日本語についての知識を持っている」「外国語教授法についての知識がある」「学習ストラテジーについての知識がある」「日本語運用力がある」などいろいろ出てくると思います. 正解, 不正解はありませんから, 自由に書き出してください.

　②書き出したイメージを, 次の観点で分類しましょう.
　　A　教師という観点から
　　B　言語教育・語学教育という観点から
　　C　日本語教育・日本語教師という観点から

　上で出したキーワードで見ると, Aには「明るい」「根気がある」, Bには「外国語教授法についての知識がある」「学習ストラテジーについての知識がある」, Cには「日本語についての知識を持っている」「日本語運用力がある」などが当てはまるでしょうか.

　③日本語教育の専門家には, どのようなことが求められると思いますか.

　「いい日本語教師」のキーワードを挙げていくと, 非の打ちどころのない, どのような世界, どのような専門領域でも第一線で活躍するような人間像ができるかもしれませんが, このように整理をしていくと, 日本語教師の専門性について考えやすくなると思われます.

「開発型日本語教師」とは何か

　日本語教育の専門家に求められるものは，日本語についての知識，教授法についての知識，学習ストラテジーについての知識，授業運営についての知識など様々あります．さらに，文化庁（2019）は日本語教育人材の育成や研修について検討を進めており，今後日本語教師が活躍する分野が，「生活者としての外国人」「留学生」「児童生徒等」「就労者」「難民等」「海外」と分かれ，より専門職化していくことが予想されます．

　そのため，日本語教師が養成段階でしっかりと身につけておきたいことの1つが，学習者のニーズに配慮しながら，日本語の授業を創造的に展開する能力・姿勢，すなわち日本語分析，教材作成，授業デザインを行う能力・姿勢です．

　そこで，本書では主体的な日本語分析に基づいて教材作成，授業デザインができる教師を「開発型日本語教師」と呼び，そうした教師になるための演習を行います．

①「わたし」「あなた」の使い方と願望・希望の表現

「わたし」と「あなた」／「V-たい」と
「V-てほしい」をいつ・どう使う?

■授業の準備をする≫ ゴールと教授項目

　初対面の方に自己紹介をするとき，あなたはどのように自分のことを名乗りますか．また，どのような情報を伝えて話しますか．日本語の初級教科書は，自己紹介場面の会話から始まることが多く，そこで「〜は〜です」という文型も紹介されます．

　この課では，「わたし」「あなた」という人称詞，話し手の希望を述べるときに使われる「したい・してほしい」，また背景情報を述べるときに使われる表現の1つの「〜して（から）（年月）になりますか」を教授項目として，これらの表現が実際に使われる自己紹介の場面を分析しながら，日本語教育にどのように応用したらよいかを考えていきます．まず，この課のゴールと教授項目を確認しましょう．

ゴール 〉

「わたし」「あなた」の使い方，「わたし」の願望や希望などを表す文型，また背景情報を説明する1つの文型について，学習者に適切な理解を促すための授業ができる．

教授項目

1　「わたし」（話し手）と「あなた」（聞き手）
2　「V-たい」と「V-てほしい」
3　「どのくらいV-ていますか」と「V-て（から），どのくらいになりますか」

■日本語を振り返る≫ 設定場面「ホストファミリーとの対面式でお互いを知る」

　日常生活で上の文法・文型がどのように使われるか，例を通して確かめます．以下のモデル会話は，初・中級レベルを想定したもので，「ホストファミリーとの対面式でお互いを知る」という場面で作成されています．これを読んで，後の問いに答えましょう．

〈モデル会話——ホストファミリーとの対面式で〉

近藤：ジャッキーさんですね．近藤です．ジャッキーさんのホストフ　　[1]
　　　ァミリーです．

ジャッキー：あなたがわたしのホストファミリーですか．わたしはジャッキ
　　　　　ーです．

近藤：あ……，はい．どうぞよろしく．　　　　　　　　　　　　　　[5]

ジャッキー：これからお世話になります．どうぞよろしくお願いします．

近藤：ジャッキーさんは，日本は初めてですか．

ジャッキー：はい．初めてです．

近藤：そうですか．じゃあ，日本は今日で2日目ですね．どうですか．

ジャッキー：まだ空港とホテルしか知りませんが，いいと思います．　　[10]

近藤：よかったです！　あのう，日本語の勉強を始めてから，どのく
　　　らいになりますか．

ジャッキー：え……．

近藤：あ，どのくらい日本語を勉強していますか．

ジャッキー：ああ，2年です．　　　　　　　　　　　　　　　　　　[15]

近藤：そうですか．じゃあ，家では全部日本語でがんばりましょうか．

ジャッキー：はい！　よろしくお願いします．

近藤：こちらこそ，よろしくお願いします．ホストファミリーのわた
　　　したちに何か希望はありますか．

ジャッキー：？？　　　　　　　　　　　　　　　　　　　　　　　[20]

近藤：ホストファミリーのわたしたちに，何がしてほしいですか．

ジャッキー：あ，はい．えっと……日本語を直してくれませんか．日本語が
　　　　　上手になりたいですから．

近藤：ああ，じゃあ，いつも，すぐに直してもいいですか．

ジャッキー：はい．よろしくお願いします．　　　　　　　　　　　　[25]

近藤：わかりました．

ジャッキー：あの……，ちょっと質問をしてもいいですか．

```
      近藤：ええ，どうぞ．
  ジャッキー：始めの質問で，「どのくらい日本語を勉強していますか」と言
          いましたが，始めは違う文でした．もう一度言ってください．    [30]
      近藤：えっと，なんだったかな……．ああ，「日本語の勉強を始めて
          から，どのくらいになりますか」でしたね．
  ジャッキー：同じ意味ですか．
      近藤：そうです．同じ意味で使います．
  ジャッキー：でも，どうして「どのくらい日本語を勉強していますか」と聞    [35]
          きませんでしたか．
      近藤：本当だ．どうしてかなあ……．でも，この言い方はわたしには
          自然な言い方ですから．
  ジャッキー：そうですか．わたしもこれから使ってみます．
```

例題 ①

モデル会話から，教授項目 1「わたし」（話し手）と「あなた」（聞き手）
を探し出しましょう．また，初・中級日本語教材として，どのような意
図でそれらが配置されているかを考えましょう．

例題 1 の解答例

教授項目 1 の出現箇所……3 行目「<u>あなた</u>がわたしのホストファミリーですか．
<u>わたし</u>はジャッキーです」
教授項目 1 の配置の意図……初級の学習者の発話によく見られる例を示し，学
習者に注意喚起するという意図で配置されていると考えられる，など．

問題 1

モデル会話から，教授項目 2「V-たい」と「V-てほしい」，教授項目 3
「どのくらい V-ていますか」と「V-て（から），どのくらいになります
か」を探し出しましょう．例題 1 を参考にしながら，それぞれの出現箇
所，配置の意図をまとめましょう．

■日本語を分析する 1 ≫「わたし」（話し手）と「あなた」（聞き手）

　先ほどのモデル会話を使って教授項目を授業で扱うとき，日本語教師はど

のような点に留意すると思いますか．例題を使って考えていきましょう．

日本語教育の視点から，教授項目 1「わたし」（話し手）と「あなた」（聞き手）に関する会話が示唆することは何でしょうか．以下の例文 1）をもとにして，気づいたことを挙げましょう．

〈例文〉
1）ジャッキーさんですね．近藤です．
2）?あなたは田中さんですね．わたしは近藤です．
3）?あなたはどこから来ましたか．
4）【試験の指示文】あなたの意見を簡潔に書きなさい．

例題 2 の解答例

例文 1）で気づいたこと……たとえば，初めて対面する場面で相手を確認するときによくある発話．「あなた」も「わたし」も発話の中に現れない，など．

問題 2

例題 2 の例文 2）〜 3）をもとにして，気づいたことをそれぞれ挙げましょう．

日本語教育の視点で見ると？

日本語教育の初級段階での典型的な場面設定は，自己紹介の場面です．この課のモデル会話にも次のやりとりがあります．

（1）a. 近　　　藤：ジャッキーさんですね．近藤です．ジャッキーさんのホストファミリーです．
　　　b. ジャッキー：あなたがわたしのホストファミリーですか．わたしはジャッキーです．

日本語母語話者には，（1b）よりも次の（1' b）のほうが自然に聞こえます．

(1') b. ホストファミリーの近藤さんですね. はじめまして. ジャッキー
　　　　です. どうぞよろしく.

　(1) のような日本語母語話者と初級日本語学習者の自己紹介を比べると，
違いが 2 つ見られます. 1 つは，「○○は」という日本語の主題表現の有無
です. もう 1 つは，「わたし」「あなた」という人称詞の有無です.
　助詞ハに関する研究は数多いのですが，一般的には，ハは何かをとりたて
て，それに続くコメントの範囲を設定するという，いわゆる「主題化の機
能」と，何かをとりたてて，それと異なるほかのものと比較対照する「対比
の機能」を有するとされ，「とりたて助詞」に分類されます. ここでは，人
称詞の「わたし」「あなた」の使い方について考えましょう.

話し手の指標——「わたし」（主観的把握傾向）

　話し手を表す表現「わたし」について考えます. 「わたし」の使い方には，
日本語母語話者の発話の基本的な傾向が関わっています. 一般的に，ある言
語の母語話者が発話の対象とする事態をどう描くか，どう捉えるかには傾向
的な差があると言われます. このことを認知言語学では，「事態把握」と呼
びます. 事態把握には大きく 2 通りの把握傾向が認められています. 話し
手が事態をその外から描写する「客観的把握」と話し手が事態の中に身を置
いて描写する「主観的把握」です（池上 2011 など）.
　たとえば，英語母語話者は前者で，話そうとする内容を客観的に描写しよ
うとする傾向にありますから，自分自身の分身を見る形での描写を好むとさ
れます. そのような日本語学習者は「わたし」を多用する傾向があります.
一方，日本語母語話者は後者で，事態の中に身を置いて，そこから認識でき
るもの，自分に見えるものを描写することを好むとされます. この違いが分
かる例を紹介します.

　(2)【道に迷って，通りかかった人に尋ねる場面で】
　　　 a. Where am I ?
　　　 b. ここはどこですか.

(2a) は英語母語話者の発話ですが，道に迷った自分自身を I で表し，地図
上に自分自身の物理的な位置を尋ねるような発話です. 一方，(2b) の日本
語母語話者の発話は，迷子になった自分の目に映る場所（ここ）の所在を尋
ねています. (2b) の日本語母語話者には「わたし」は見えていません. 話

し手の視界には，話し手自身は入らないからです（近藤 2018 など）．

　（1a）のような自己紹介の冒頭で，日本語母語話者が「わたし」を使わない理由も同様です．話し手は自己紹介場面で観察の原点として聞き手を含む発話の場のいろいろな要素を認識しますが，「わたし」は認識できず，したがって言語化しません．ですから「わたしハ」は現れません．

　ただし，会話の場で，話し手がこれから述べようとする情報がすでに聞き手と共有した情報と対照的である場合や，話し手がその情報を特に際立てて述べたい場合には，ハの対比の機能を使って，たとえば次のように言うことができます．

　（3）学　習　者：大学で日本語を 2 年勉強しました．
　　　　母語話者：そうですか．わたしは，中学校から大学まで 10 年も英
　　　　　　　　　語を勉強しましたが，外国語ってなかなか難しいですね．

聞き手の指標──「あなた」

　次に，「あなた」（聞き手）について考えましょう．日本語母語話者の場合，聞き手は話し手から見えますが，自己紹介場面などの話し手と聞き手の間のやりとりの場合，話し手はだれに向かって話しているかを言語化しなくても明らかです．対比的な意味で聞き手に言及したい場合は，「あなた」ではなく，「〇〇さん」，「先生」，「そちら」などを使います．あるいは，「いついらっしゃいましたか」のように，尊敬語を使うことによって，聞き手の行動に言及していることを示します．

　では，「あなた」はどのようなときに使うのかというと，この課の例題 2 の例文 4）「【試験の指示文】あなたの意見を簡潔に書きなさい．」のように，不特定多数の聞き手や読者に向けて二人称名詞を必要とする場合です．いろいろな調査やアンケートなどで「あなた」が使われる理由はここにあります．

日本語教育の実践に向けて

　「わたし」と「あなた」は，以上のように捉えることができます．しかし，英語などの客観的な事態把握を好む言語を母語にする日本語学習者は，自分の母語に必要な I や you などの人称代名詞が日本語であまり使われない理由をすぐには理解できません．一方，韓国語の母語話者は英語より日本語母語話者に近い事態把握をする傾向があると言われます（近藤 2018，近藤・姫野編著 2012 など）．ですから，日本語教師は学習者の母語がどのような言語かということについて，常に教育的な関心を持たなくてはなりません．そして，

学習者の母語によっては，日本語教育のできるだけ早い段階で日本語の事態把握の傾向を学習者に示し，理解を促すことが必要となります．

■日本語を分析する２≫「V-たい」と「V-てほしい」

例題 ③

日本語教育の視点から，教授項目２「V-たい」と「V-てほしい」に関する会話が示唆することは何でしょうか．以下の例文 1）をもとにして，気づいたことを挙げましょう．

〈例文〉
1)?先生，何を食べたいですか．
2)?【電車で知らない人に】ここに座りたいですか．
3)【友だちに】何食べたい？
4)?わたしはパスタが食べたいです．
5)【独り言で】ああ，疲れた．早く帰りたい……．

例題 3 の解答例

例文 1）で気づいたこと……たとえば，日本語学習者にときどき見られる発話だと思う．日本語母語話者なら，「先生，何を召し上がりますか」「先生，何になさいますか」などと発話することが多い，など．

問題 3

例題 3 の例文 2）〜 5）をもとにして，気づいたことをそれぞれ挙げましょう．

日本語教育の視点で見ると？

教授項目 1 の主観的把握と「わたし」に関連して，初級で押さえておきたい日本語の特徴に，話し手の感情・感覚を表す表現があります．この課のモデル会話にも次のようなやりとりがあります．

(1) 近　　　藤：ホストファミリーの私たちに，何がしてほしいですか．
　　ジャッキー：日本語を直してくれませんか．日本語が上手に<u>なりた</u>
　　　　　　　　<u>い</u>ですから．

ここでは，このような表現の基本を日本語の述部である「V-たい」「V-て
ほしい」を中心に考えます．

感情・感覚表現と「わたし」

　日本語の形容詞には，大きく分けて（2）のようにものの属性を表すもの
と，（3）のように感覚・感情を表すものがあります．日本語では，（3）の
ような形容詞が表す対象である感覚・感情は，基本的に話し手（わたし）に
属します．ですから，（3）のような形容詞を使うと，だれの感覚・感情で
あるかが暗示され，「わたし」を言語化する必要がありません．

(2) わたしは／あなたは／あの人は　若い．
(3) （わたしは）／*あなたは／*あの人は　眠い．

　話し手の眠さは話し手にしか知覚することができません．この現象は「感
情表現の人称制限」と呼ばれます．感情表現は第一人称（わたし）を主語と
しなくてはなりません．教授項目1の解説で述べたように，特に必要がな
い限り，話し手（わたし）は言語化の対象になりません．もちろん，話し手
の眠気をだれかの状態と比較して，対照的に表現する必要があれば，「（あな
たはそうでなくても）わたしは眠い」と言うことは可能です．

話し手以外の感情・感覚の表し方

　では，話し手以外の人の感情・感覚を表現するときはどのようにしたらい
いでしょうか．その場合は，その人の感情・感覚は，話し手は知覚できなく
ても，（4）のように，それが外側から観察可能だという形をとって表現さ
れます．

(4) あの子は　眠そうだ／眠いようだ／眠そうに見える．

聞き手が眠そうに見えるとき，その聞き手と親しい間柄であれば，（5）の
ように問いかけることは可能です．聞き手の感情・感覚に触れることが許さ
れるような親しい人間関係にある場合に限ります．

(5)【自分の子どもに】○○ちゃん，ねむい？

V-タイとV-タガッテイルの違い

　ここで，V-タイについて考えましょう．V-タイは動詞のマス形の語幹に形容詞型の話し手の感情を表す接尾辞「-タイ」が後接した複合語で，全体としては感情形容詞で，(3)の「眠い」などと同様に，話し手に属する感情を表します．ですから，(6)のように話し手が自身について表現することはできても，話し手以外の人について使うことはできません．

(6)（わたしは）／*○○さんは／*あの人は 水が飲みたい．

これらの形容詞は，話し手の内面の表現です．基本的には聞き手を必要としない，いわゆる「内言」に近い表現ですから，聞き手が話し手の感情・感覚を率直に述べてよい間柄の場合，文末に「〜です」は付けないのが普通です．ただし，(5)と同様に，親しい間柄の聞き手には(7)のように言うことは可能です．親しくない人には，(8)のように相手の意志を問う形にして，V-タイの使用を回避します．

(7)【親しい友だちに】何か飲みたい？
(8)○○先生，何か お飲みになりますか／*お飲みになりたいですか．

　日本語の教科書で，V-タイに関連してV-タガルが言及されることがあります．V-タイに動詞化の接尾辞「-ガル」を付けたものですが，この形の使用には配慮が必要です．この表現は，その人の内面が外からあからさまに見えるということを言語化することになるので，表現対象の人物が親しいか目下でない限り，使用は避けましょう．

(9)あの子，帰りたがっています．／??○○先生，お帰りになりたがっています．

どうしても必要な場合は，「○○先生は，お帰りになりたいようです」などを使って，話し手の主観的な判断であり，発言の責任が話し手にあることを明示する形を使います．

V-テホシイ

　次に，V-タイに関連して，V-テホシイについて考えましょう．まず，「ほしい」は「痛い」「悲しい」「うれしい」同様に話し手の感覚・感情を表す形容詞で，一人称主語の制約がかかります．話し手自身の欲求はV-タイで表しますが，話し手がだれかに対して抱いている希望や依頼を表すときに，V-テホシイを使います．

　　(10) ○○さんに 仕事を<u>手伝ってほしい</u>／<u>来てほしい</u>．
　　(11) 明日，天気がよくなって<u>ほしい</u>．／うちの子が受験に<u>合格してほしい</u>．

話し手の欲求や依頼の対象には，(10) のように助詞「に」を付けますが，単に話し手の願望を表す場合には，(11) のように「が」を使います．

日本語教育の実践に向けて

　モデル会話の母語話者の発話「ホストファミリーのわたしたちに，何が<u>してほしいですか</u>」は，(10) の形です．ただし，日本語母語話者の自然な発話とは言えません．本来なら，「ホストファミリーのわたしたちに何かしてほしいことはありませんか」「何か希望はありますか」などが適切でしょう．ただ，「何かしてほしいこと」は連体修飾節（名詞修飾節）の学習を前提としますので，これは相手の日本語運用能力に合わせて話し手が母語話者としての発話を調節した，いわゆるフォリナー・トークです．学習者が連体修飾節を学習済みの段階なら，「何がしてほしいですか」のような表現は回避することを心がけましょう．

■日本語を分析する３≫「どのくらいV-ていますか」と「V-て（から），どのくらいになりますか」

例題 ④

日本語教育の視点から，教授項目3「どのくらいV-ていますか」と「V-て（から），どのくらいになりますか」に関する会話が示唆することは何でしょうか．以下の例文1）をもとにして，気づいたことを挙げましょう．

〈例文〉
1) ?Aさんと3年間友だちです.
2) ベトナムに2年間住んでいました.
3) ?あなたは何年間東京に住んでいますか.
4) 3年日本語を勉強しています.
5) この会社に入って何年になりますか.

例題4の解答例

例文1)で気づいたこと……たとえば,日本語学習者にときどきみられる発話だが,日本語母語話者はあまり使わないようだ. 代わりにAさんと友だちになってから3年になります,などと言うと思われる,など.

> 問題4
>
> 例題4の例文2)～5)をもとにして,気づいたことをそれぞれ挙げましょう.

日本語教育の視点で見ると?

初級の日本語教育で,動作の継続を表す「しています」を導入した段階で「どのくらい日本語を勉強していますか」「何年,その会社に勤めていますか」など,継続期間を問うやりとりがなされることが多いです. 日本語母語話者にとっては,「なる」を使った「～て(から)どのくらいになりますか」のほうが自然なのですが,初級の日本語教育の教授項目に位置づけられていないようです. この課のモデル会話にも,次のようなやりとりがあります.

(1) 近　　　藤:日本語の勉強を始めてから,どのくらいになりますか.
　　ジャッキー:え…….
　　近　　　藤:どのくらい日本語を勉強していますか.

この2つの表現の違いは,中級以降の自然習得に任せることになりますが,学習者がこれらの表現を習得できるという保証はありません. ここでは,母語話者にとって自然なナルを使った表現を押さえましょう.

「どのくらいV-ていますか」の用法

　「どのくらいV-ていますか」は動作を継続している期間を問う表現で，「V-て（から）どのくらいになりますか」はある活動の開始時点や変化の時点以降，どれだけの時間が経過したかを問う表現です．動詞の意味によって，この2つの表現形式がどちらも使用できる場合と，どちらかが不自然になる場合があります．

　通常，V-テイルはその前に来る動詞の意味によって，「動作・活動の継続」と「動きや変化の結果状態」を表します．「勉強する」などの活動を表す動詞の場合は，V-テイルは「動作・活動の継続」を表し，（1）のように，どちらを使っても意味に大きな差が生じません．しかし，「結婚する」「引越しする」「入社する」「来る」「V-始める」などのように，Vが表す活動や変化の起点がはっきりしている場合は，「動きや変化の結果状態」を表し，「どのくらいV-ていますか」ではなく，「V-て（から）○○になりますか」のほうが自然です．「なる」の前には，期間を表す表現が来ます．

　　（2）結婚して，もう10年になります．
　　（3）東京に引越してから，どのくらいになりますか．
　　（4）ここに入社して，まだ半年です．
　　（5）日本に来て（から），もう1年になります．

「どのくらいV-ていますか」と「V-て（から），どのくらいになりますか」の異同

　次の例で2つの文型を比べてみてください．（6）は「来日時」，（7）は「入社時」，（8）は「学習開始時」，（9）は「日本に住み始めた時期」，（10）は「結婚したとき」で，いずれも話題となる活動の開始時期がはっきりしています．

　　（6）A1：どのくらい日本に住んでいますか．
　　　　　B1：10年住んでいます．
　　　　　A2：日本に来てからどのくらいになりますか．
　　　　　B2：日本に来て（から），10年になります．
　　（7）A1：今の会社にどのくらい勤めていますか．
　　　　　B1：5年勤めています．
　　　　　A2：今の会社に入って，どのくらいになりますか．
　　　　　B2：今の会社に入って，もう5年になります．
　　（8）A1：日本語はどのくらい勉強していますか．

B1 ：3年勉強しています.

　　A2 ：日本語の勉強を始めて，どのくらいになりますか.

　　B2 ：勉強を始めて，3年になります.

（9）A ：日本の習慣には慣れましたか.

　　B1 ：?日本に5年住んでいますが，まだ慣れません.

　　B2 ：日本に来て／住んで5年になりますが，まだ慣れません.

（10）A1 ：*どのくらい結婚なさっていますか.

　　B1 ：*10年結婚しています.

　　A2 ：ご結婚なさってどのくらいになりますか.

　　B2 ：結婚して10年になります.

（6）〜（8）のように，活動・変化の開始時点が明確な場合には，A2のほうがA1より，また，B2のほうがB1より洗練された印象を与えます．（9）も同様です．（10）では，A2とB2のやりとりが適切で，A1とB1はフォリナー・トークのように聞こえます.

日本語教育の実践に向けて

　英語を母語にする学習者が（11）のような質問をすることがあります.

　（11）*どのくらい（何年）結婚していますか.

　　　　How long have you been married?

　「結婚する」は，起点がはっきりしている変化を表す動詞なので，「どのくらい」を使った状態の継続期間を問うより，継続している状態の開始時点に着目した「結婚して（から）何年になりますか（How long has it been since you got married?）」が適切であることに理解を促す指導が必要です.

■教材を作成する1 ≫ 初・中級の口頭練習

　この課の教授項目についての理解を踏まえて，初・中級レベルの日本語学習者への「口頭練習」を考えます．学習者の反応を促す刺激（キュー，cue）を使いながら，練習を作成しましょう.

例題 ⑤

教授項目1「わたし」（話し手）と「あなた」（聞き手）を例として，
初・中級の日本語学習者向けの口頭練習を考えます.

1）「話し手の指標——「わたし」（主観的把握傾向）」，「聞き手の指標
——「あなた」」（7～8頁）の要点を意識できるような練習を作成
しましょう.
2）あなたが作った場面と例文を紹介しましょう.

例題5の解答例

1）練習の作成……自己紹介場面では「わたし」「あなた」は出てこないのが自
然であることを確認するための例文として，初対面の自己紹介場面で，「あ
なたはジャッキーさんですね. わたしは近藤です」という状況を例示する,
など.

2）場面と例文の紹介……作った練習を模擬的に使ってみて，場面や例文の適切
さ，自然さの観点から練習作成者同士で（独習の場合は客観的に）評価する,
など.

問題5

教授項目2「V-たい」と「V-てほしい」を例として，初・中級の日本語
学習者向けの口頭練習を考えます.

1）「感情・感覚表現と「わたし」」，「話し手以外の感情・感覚の表し
方」（10～11頁）の要点を意識できるような練習を作成しましょう.
2）あなたが作った場面と例文を紹介しましょう.

問題6

教授項目3「どのくらいV-ていますか」と「V-て（から），どのくらい
になりますか」を例として，初・中級の日本語学習者向けの口頭練習を
考えます.

1）「「どのくらいV-ていますか」と「Vてから，どのくらいになりま
すか」の異同」（14～15頁）の要点を意識できるような練習を作

成しましょう.

2）あなたが作った場面と例文を紹介しましょう.

■教材を作成する２≫ 初・中級のロールプレイ，読解教材，作文課題

　初・中級レベルの日本語学習者に向けて，「ロールプレイ」「読解教材」
「作文課題」を作成します．以下では，次の４つの場面を想定して取り組み
ます．例題ではいずれか１つの場面を用いており，それを参考にして考え
てみましょう.

①ホストファミリーとの接触（社会的生活）：ホストファミリーとの対面
　式でお互いを知る
②日本語の授業（社会的生活）：日本語の授業でクラスメイトと初めて会
　い，お互いを知る
③友だち・先輩との接触（個人の生活）：サークルに初めて参加し，メン
　バーと初めて会い，お互いを知る
④友だちとの接触（個人の生活）：寮に入った初日に，寮長や寮生と初め
　て会い，お互いを知る

例題 ⑥

初・中級の日本語学習者のためのロールプレイを考えます.

　1）場面①「ホストファミリーとの対面式でお互いを知る」のロール
　　カードを作りましょう.
　2）学習者に状況と役割を与え，それにふさわしい会話ができるよう
　　に促しましょう.

例題６の解答例

ロールカードでは学習者が理解できる言語で書かれていると，学習者が発話
する語彙や文型を自ら考えることになりますから，より実際の言語活動に近
づきます.

1) ロールカード……

<table>
<tr><td>

カード A
あなたはホームステイを希望する
大学生です. ホストファミリーに
初めて会います. 自己紹介をして,
ホストファミリーの質問に答えて
ください. またあなたの希望も伝
えてください. 仲よくなれるよう
気を付けながら話してください.

</td><td>

カード B
あなたはホームステイを受け入れます.
今回初めて受け入れる学生に会います.
自己紹介をして, どんな学生なのか知
るために, 質問をしてください. ホス
トファミリーとしての希望も話してく
ださい. 仲よくなれるよう気を付けな
がら話してください.

</td></tr>
</table>

2) **会話の促し**……ロールカードを模擬的に使ってみます. たとえば, 2名に
対し, 別々のカードを渡して, ロールカードを黙読してもらいます. その次
に役割が理解できたかどうかを個別に確認してから, 指定された状況と役割
に合った自然な会話を行わせます. 与えたロールカードの指示が適切かどう
かは, 指定された状況と役割に合った会話ができるかといった観点から, 練
習作成者同士で（独習の場合は客観的に）評価します.

問題7

場面①〜④のうち, いずれかを選んでロールプレイの練習を考えましょ
う.

例題 7

初・中級の日本語学習者向けの読解教材を考えます.

1) 場面①「ホストファミリーとの対面式でお互いを知る」で求めら
れる Can-do を考えましょう.
2) この場面に即した読解教材を, 学習者のレベルに合った語彙, 文
型, 字数の観点から探しましょう. 生教材で学習者のレベルと合っ
たものが見つからないときは, 適切な読解教材を参考にして自
分で教材を作成します. その際は, 教授項目を適切に組み込んで
ください.
3) ここで作成した読解教材を使って, どのような授業を展開するか
を考えましょう.

1) **Can-do**……学習者が知り合ったばかりの人とお互いのことを話したり，希望を伝えたりすることができるようになる．

2) **読み物の例**……以下，本書の読み物の例では，教師の教材作成に目標を置くことから教授項目がどのように使われているかを示すために該当箇所に下線を施してあります．学習者用の読み物として使用する場合には，教科書開発の方針によって，「下線を付けて学習者に目標文型に注目して読ませる方法」と「下線を付けずに学習者に読解にチャレンジさせる方法」があります．学習者の漢字レベルに合わせて，ふりがなを付けるなどしてください．

〈ホストファミリーへのあいさつの手紙〉

○○さま

　はじめまして．ジャッキー・ライアンです．○○大学の○年生です．日本語の勉強を始めて 1 年になります．専門はアジア研究ですが，将来は，日本を研究のフィールドにしたいです．
　○○大学では寮に入っていますが，日本では，ぜひ日本の家族と一緒に生活したいです．日本の本当の生活を経験したいからです．
　そして，A さんのご家族とは日本語だけで生活したいです．わたしの日本語はまだまだなので，日本にいる間に日本語が上手になりたいです．だから，A さんのご家族のみなさんには，日本語だけで話してほしいですし，わたしの日本語を直してほしいと思っています．そして，日本のことをいろいろ教えてほしいです．わたしも，家族やわたしの国やわたしの大学のことも日本語でいろいろお話ししたいです．
　どうぞよろしくお願いします．

ジャッキー・ライアン

---

3) **授業の展開**……1 一緒に読む／2 内容の理解を確認するための質問をする（だれが書きましたか，だれに書きましたか，2 人は会ったことがありますか，どこからわかりますか，など）／3 日本語の手紙の構成を確認する．学習者の国・地域の書き方と比較するなどを話し合う．

問題 8

場面①〜④のうち，いずれかを選んで読解教材を考えましょう．

読んだこと，話したことをもとにして，初・中級の日本語学習者向けの
作文課題を作ります．

1) 場面①「ホストファミリーとの対面式でお互いを知る」に関連さ
   せた作文課題を考えましょう．
2) 書き手，読み手，文章のジャンルや目的，文体などの設定を提示
   しましょう．

例題 8 の解答例

1) **作文課題**……場面①に関連させて，「ホストファミリーへのあいさつの手
紙を書く」という課題
2) **各種の設定要素**……書き手（氏名，年齢，性別，出身地域）／読み手（出身
地域，大学，学年）／文章のジャンルや目的（ホームステイを希望する理由，
ホストファミリーに期待すること）／文体（です・ます体），など

問題 9

場面①〜④のうち，いずれかを選んで作文課題を考えましょう．

■授業をデザインする≫ 教案づくり

この課で作成した教材を使って，実際に授業を組み立ててみましょう．

例題 9

授業の枠組みを設定し，教案を作成します．ウェブ上の「教案フォーマ
ット」を活用してください．

1) ここまで作成した教材で，学習者に求められる Can-do を確認し
   ましょう．
2) 授業形態（人数，学習者情報，教材・教具，教室環境など）を想
   定しましょう．

3）口頭練習，ロールプレイ，読解教材，作文課題などの活動をどの
順で展開するか考えましょう．
4）教授項目をどのように導入するか，説明はどのようなことに注意
するかを考えましょう．
5）各活動を行う際，どのような指示を出すかを考えましょう．

例題9の解答例

1）Can-do ～ 5）指示……ウェブ上の「第1課の教案例」を参照のこと．

問題10

場面①〜④のうち，いずれかを選んで教案を作成しましょう．

②　話し手の経験や物事の進捗の表現

「もう」「まだ」／「した」「したことがある」を
いつ・どう使う？

■授業の準備をする≫ ゴールと教授項目

　あなた自身の経験や物事の進捗を話すとき，「もう」や「まだ」を使うことがあります．また，あなたの過去の行為を表すとき，「昨日，勉強した」のように「〜した」を使うことや，「外国の大学で勉強したことがある」のように「〜したことがある」を使うことがあります．このような表現を使った例文には，どのようなものが頭に浮かびますか．日本語の初級教科書では，「もう書きました」や「まだ書いていません」などのような例文が紹介されます．

　この課では，これらの表現が実際に使われる場面を分析しながら，日本語教育にどのように応用するかを考えていきます．まずは，この課のゴールと教授項目を確認しましょう．

ゴール

話し手の経験や物事の進捗を話す際の文法について，学習者に適切な理解を促すための授業ができる．

教授項目

1 「もう」と「まだ」
2 「した」と「したことがある」

■日本語を振り返る≫ 設定場面「日本語のプレイスメントテストを受ける」

　日常生活で上の文法・文型がどのように使われるか，例を通して確かめます．以下のモデル会話は，初・中級レベルを想定したもので，「日本語のプレイスメントテストを受ける」という場面で作成されています．これを読んで，後の問いに答えましょう．

〈モデル会話──学期初めの日本語のインタビューテストで〉

　　川崎：お名前とプレイスメントテストの番号を言ってください．　　　　　　［1］
アグス：アグス・ムリワン，101番です．
　　川崎：はい．どうぞ座ってください．
アグス：【座る】よろしくお願いします．
　　川崎：はい．川崎です．どうぞよろしく．　　　　　　　　　　　　　　　［5］
アグス：よろしくお願いします．
　　川崎：じゃあ，さっそく質問を始めますね．まず，アグスさんの専門は日本語ですか．
アグス：はい．勉強し始めて，2年になります．
　　川崎：どうして日本語を勉強していますか．　　　　　　　　　　　　　　［10］
アグス：子どもの頃，日本のマンガが好きで，日本語を勉強したいと思いました．
　　川崎：そうですか．まだマンガを読んでいますか．
アグス：ええっと？　もういろいろ読みました．
　　川崎：じゃあ，今はもう読んでいませんか．　　　　　　　　　　　　　　［15］
アグス：あの……？　今もときどき読みます．
　　川崎：そうですか．じゃあ，まだ読んでますね？
アグス：は，はい……．（？）
　　川崎：次は読み物を読んで答えてもらいます．これを読んでください．だいたい2分間で読んでください．あ，まだ読まないでくださいね．　［20］
アグス：はい．
　　川崎：じゃあ，始めてください．
アグス：【読み始める】
　　川崎：【2分経って】もう読み終わりましたか．
アグス：すみません．まだです．　　　　　　　　　　　　　　　　　　　　　［25］
　　川崎：そうですか．じゃあ，もう少しどうぞ．
アグス：はい．終わりました．
　　川崎：じゃあ，内容について教えてください．どんなお話でしたか．

アグス：エリンさんという人とピーターさんという人の話です．2人は友だ
　　　　ちで，ある日，渋谷の駅で待ち合わせをしていたんですが，2人と　　　[30]
　　　　も違う場所で待っていて，会えなかったという話でした．

川崎：携帯は持ってませんでしたか．

アグス：あ，エリンさんが携帯を忘れて，連絡ができませんでした．

川崎：そうですか．よくわかりました．アグスさんも同じような経験があ
　　　　りますか．　　　　　　　　　　　　　　　　　　　　　　　　　　[35]

アグス：はい．先週空港でそんな経験をしたことがあります．

川崎：え？　ああ，そうですか．どんな経験でしたか．

アグス：成田空港で，大学の人と会えなくて……．

川崎：アグスさん，携帯は？

アグス：いいえ．でも，まだ日本語で電話しませんでしたから，説明するの　　[40]
　　　　が難しくて，大変でした．

川崎：ああ，日本語で電話したことがなかった！　そうですか．じゃあ，
　　　　その話をもう少しくわしく教えてください．

例題 ①

モデル会話の中から，教授項目1「もう」と「まだ」を探し出しましょ
う．また，初・中級日本語教材として，どのような意図でそれらが配置
されているかを考えましょう．

例題1の解答例

教授項目1の出現箇所……13行目「<u>まだ</u>マンガを読んでいますか」，14行目
「<u>もう</u>いろいろ読みました」，15行目「今は<u>もう</u>読んでいませんか」，17行
目「<u>まだ</u>読んでますね？」，20行目「<u>まだ</u>読まないでくださいね」，24行目
「<u>もう</u>読み終わりましたか」，25行目「<u>まだ</u>です」，40行目「<u>まだ</u>日本語で
電話しませんでしたから」

教授項目1の配置の意図……アグスの14行目のセリフは初級の学習者の発話に
よく見られる例で，学習者に注意喚起するという意図で配置されていると考
えられる．そのほかは，日本語母語話者の自然な発話を配置している，など．

問題1

モデル会話から，教授項目2「した」と「したことがある」を探し出し
ましょう．例題1を参考にしながら，それぞれの出現箇所，配置の意図
をまとめましょう．

■日本語を分析する 1 ≫「もう」と「まだ」

　先ほどのモデル会話を使って教授項目を授業で扱うとき，日本語教師はどのような点について留意すると思いますか．例題を使って考えていきましょう．

例題 ②

日本語教育の視点から，教授項目 1「もう」と「まだ」に関する会話が示唆することは何でしょうか．以下の例文 1）をもとにして，気づいたことを挙げましょう．

　〈例文〉
　1）【夕方の会話】
　　A： 昼ご飯，食べた？
　　B：?まだ食べなかった．
　2）【夕方の会話】
　　A： おなかすいたね．ご飯，食べる？
　　B： いや，まだ食べない．
　3）A： 雨，もうやんだ？
　　B： いや，まだ降ってる．
　4）A： この本，もう読んだ？
　　B：?え？　もう読んでないなあ．
　5）A： 最近，勉強していますか．
　　B：?いや，まだしていません．

例題 2 の解答例

例文 1）で気づいたこと……たとえば，Bのセリフは日本語学習者にときどき見られる発話だが，日本語母語話者ならば「まだ」「まだ食べていない」などと発話することが多い，など．

問題 2

　例題 2 の例文 2）〜5）をもとにして，気づいたことをそれぞれ挙げま

｜しょう.

日本語教育の視点で見ると?

　日本語教育の初級段階では, (1) のように「もう」は述語の過去の形とともに,「まだ」は述語の否定の形とともに導入されることが多いようです.

　　(1) A:宿題をしましたか.
　　　　B:はい, しました／もうしました.
　　　　C:いいえ, しませんでした／まだしていません／まだです.

(1) のCのように, 初期段階の学習者にとって便利な「いいえ, まだです」という表現も使われます. さらに学習段階が進むと, (2) のように,「もう」と否定,「まだ」と肯定の使い方が導入されます.

　　(2) A:日本語を勉強していますか.
　　　　B:はい, 勉強しています／まだ勉強しています.
　　　　C:いいえ, 勉強していません／もう勉強していません.

　しかし, たとえば, 英語を母語とする学習者対象の教科書の場合,「まだ」は否定文では yet に, 肯定文では still に当たると解説されることはあっても,「もう」と「まだ」の使い分けの基本が説明されることは少ないようです. (3) のように, モデル会話の学習者もこの基本が未習であることが窺えます.

　　(3) 川　崎:そうですか. まだマンガを読んでいますか.
　　　　アグス:ええっ……? 　もういろいろ読みました.
　　　　川　崎:じゃあ, 今はもう読んでいませんか.
　　　　アグス:あの……? 　今もときどき読みます.
　　　　川　崎:そうですか. じゃあ, まだ読んでますね?
　　　　アグス:は, はい……. （?）

ここでは,「もう」と「まだ」の基本的な意味と機能を考えます.

モウとマダの基本の整理

　モウとマダは, 動詞が表す動きや変化のアスペクト（相）に関わる副詞で

す．（1）を見る限り，モウは何かの事態がすでに成立したという「完了」を表し，マダはその事態が成立していないという「未完了」を示す副詞のように振る舞います．しかし，（2）では，モウ／マダは「完了／未完了」というアスペクトの対立に対応していません．（2）と同様の（4）と（5）を見てみましょう．

  （4）A：雨降ってる？
    B：降ってない／<u>もう</u>降ってない．
    A：また降るかな．
    B：いや，降らないよ／<u>もう</u>降らないよ．
  （5）A：雨，なかなかやまないねえ．
    B：うん，降ってる／<u>まだ</u>降ってる．
    A：いつまで降るのかなあ．
    B：この様子だと，<u>まだ</u>降ると思うよ．

 （1）（2）（4）（5）のモウとマダの使用には，話し手の事態の認識が関わります．話し手には，時間の軸に沿った複数の事態の連鎖があり，事態間に境界があるという想定があります．事態の連鎖上で，ある事態と次の事態との境界を越えたと認めたときモウを，その認識がなければマダを選択します．つまり，モウは〈境界を越えた〉という話し手の認識を，マダは〈想定される境界に未到達〉という話し手の認識をそれぞれ表す標識です．

 このことは，次のような一連の状況を考えると分かりやすいでしょう．日本では，春になると桜の開花状況がニュースにも取り上げられます．この桜の開花状況を（6）のように捉えてみましょう．ここで，｜は「事態の境界を，また→は時間の流れを示します（近藤・姫野編著 2012）．

  （6）…→<u>まだ</u>咲いていない｜<u>もう</u>咲いた…→<u>まだ</u>咲いている｜<u>もう</u>咲いていない

 桜の開花から散るまでのプロセスを事態の連続として捉えます．事態間には境界があり，その境界を越えた，つまり「変化があった」と話し手が認識すると「もう」の使用が可能になります．想定される境界に未到達，つまり「変化がない」と認識すると「まだ」の使用が可能になります．

モウとマダの使い分け

　しかし，モウとマダの使い分けは，桜の開花状況のように境界がだれの目にも明らかな，時間軸上の変化の場合だけではありません．(7) と (8) は，事態の連鎖を時間軸上ではなく，質量の軸上に想定したと考えることができます．

　　(7)【積み木を積み上げるゲームでの内言】
　　　　まだ積めるかな．あ，まだ大丈夫．もうだめかな．あ，ここまで．

（近藤・姫野編著 2012）

　　(8)【客に食事などを勧めて】
　　　　Ａ：もう少しいかがですか．
　　　　Ｂ：いいえ，もうたくさんいただきました．
　　　　Ａ：いやあ，まだまだ．
　　　　Ｂ：そうですか．では，もう少し．（近藤・姫野編著 2012）

　(7) では，想定される量的な〈境界〉の直前で積み木を積むことをやめています．また，(8) では，Ｂ（客）は〈境界を越えた〉という認識を表しますが，Ａ（主人）は〈境界に未到達である〉という認識を表しています．このように，特に，質量の軸上の事態間の〈境界〉に対する認識は個々の話し手の事態把握によるもので，普遍的なものではありません．(9) の例は，このことをより明確に表しています．

　　(9) a.『もう29歳，まだ29歳』【本のタイトル】
　　　　b. 中学生はもう大人か，まだ子どもか．　　（近藤・姫野編著 2012）

(9a) と (9b) は，ある年齢を若いと見るかどうかは話し手の考え方次第であるということを表します．
　このように，モウとマダの使い分けには，時間軸上の事態の連鎖，または質量の連続体を前提にして「変化があったかどうか」という，話し手による〈境界〉の把握が関わっています．

日本語教育の実践に向けて

　モウとマダの理解と使い分けの指導には，桜の開花などの状態変化や時間の推移が含意される旅程などを使った移動の文脈が必要です．学習者にとって，時系列の変化あるいは質量の変化が分かりやすい状況設定を工夫してく

ださい．なお，「まだです」は「Ｘです」という文型で，話し手が事態の変化を認識していないということを表しますから，日本語を学び始めてから間もない学習者にとって便利な表現です．

■日本語を分析する２≫「した」と「したことがある」

例題 ③

日本語教育の視点から，教授項目２「した」と「したことがある」に関する会話が示唆することは何でしょうか．以下の例文 1) をもとにして，気づいたことを挙げましょう．

　〈例文〉
　1)?昨日，ジョギングをしたことがあります．
　2)?1 年前に服を着たことがあります．
　3) 1 年前に着物を着たことがあります．
　4) ご飯を食べないことがあります．／ご飯を食べなかったことがあります．
　5) Ａ:【赤ちゃんを抱っこして】この子は風邪を引いたことがないんです．
　　　Ｂ:?ええ，そうなんですか．うちの子は風邪を引いたことがあります．

例題 3 の解答例

例文 1) で気づいたこと……たとえば，「昨日」という特定の時間と，経験の有無を表す「ことがある」は組み合わせにくい．日本語母語話者であれば，出来事として表すときは「昨日ジョギングをしました」，経験の有無として表すときは「真夜中に 1 人でジョギングをしたことがあります」「外国でジョギングをしたことがあります」などと稀な経験として語る，など．

問題 3

例題 3 の例文 2) 〜 5) をもとにして，気づいたことをそれぞれ挙げましょう．

日本語教育の視点で見ると？

　「した・しなかった」は過去の動きや変化の有無を述べる表現ですが，それに対して「したことがある・ない」は，話し手の経験の有無や経歴を述べる表現だと解説されます（松岡監 2003）．この課のモデル会話からも，学習者の理解が十分でないことが分かります．

　（1）　川　崎：そうですか．大変でしたね．アグスさんも同じような経験
　　　　　　　　　　があいますか．
　　　　　アグス：はい．先週空港でそんな経験を<u>したことがあります</u>．
　　　　　川　崎：え？　ああ，そうですか．どんな経験でしたか．
　　　　　……
　　　　　川　崎：ああ，<u>日本語で電話したことがなかった</u>！

　「した・しなかった」と「したことがある・ない」の２つの表現の違いは一見簡単そうに思えますが，どのような場合に経験として語ってよいか，またどのような場合に単なる過去の出来事として語ったほうが適切かについて，ここで整理をしておきましょう．

シタコトガアルの用法の整理

　何かの出来事を経験として語るには，条件が２つあると通常言われます．１つの条件はその出来事の質で，ある出来事がある話し手にとって，とりたてて語る価値がある，記憶に残るような出来事でなければならないということです．

　（2）　箸でご飯を<u>食べたことがある</u>．
　（3）　手でカレーを<u>食べたことがある</u>．

（2）の発話が可能な話し手は，通常箸を使って食事をする習慣がない人で，その人にとっては記憶すべき出来事になりえます．また，（3）の発話が可能な話し手は，通常カレーを手で食べる習慣がない人で，その人にとっては記憶すべき出来事になり得ます．つまり，どのような出来事が記憶に値するか，また言及すべき経験と捉えるかは，話し手の属性や話し手が属する国・地域の文化や習慣，話し手を取り巻く環境などに依存します．この場合，出来事は話し手の個人的な経験だけでなく，自然災害なども含まれます．なお，この課のモデル会話（1）からも，アグスにとって「日本語で電話をするこ

と」が記憶に値する経験であるということを川崎が認識したことが分かります.

　もう1つの条件は，出来事が起こった時点と発話時点との関係です．出来事の時点が発話時点からある程度隔たっていることが必要です．「昨日」「先週」などの時を表す表現を伴う（4）は不適切ですが，「1年前」「数年前」「子どものとき」など，発話時点からある程度離れた過去の時点を表す表現を伴う（5）は記憶に値する過去の出来事とすることができます.

　（4）a. *昨日の夜／*先週，インフルエンザにかかったことがある.
　　　b. 台風で川が溢れたことがある.
　（5）a. 1年前／数年前／子どものとき，インフルエンザにかかったことがある.
　　　b. 台風で川が溢れたことがある.

　ただし，発話時点より隔たっていても，その出来事の起こった時点が具体的に言語化されている場合は，経験として語ることはできません.

　（6）a. *2015年9月10日にインフルエンザにかかったことがある.
　　　b. 台風で川が溢れたことがある.
　（7）a. 2015年9月10日にインフルエンザにかかった.
　　　b. 台風で川が溢れた.

この課のモデル会話例から示した（1）の学習者の発話には，「先週」という表現があるので経験としては語りにくいことが分かります.

シタコトガアルとシナカッタコトガアルの使い分け

　シタコトガアルとシナカッタコトガアルは動作動詞だけではなく，状態動詞，形容詞，名詞述語にも使えます．その場合は，話し手個人の経験だけでなく，記憶に値する事態が過去にあったことを語る際にも使われます.

　（8）あの人は日本語教師だったことがある.
　（9）女性が職業を持つことが難しかったことがある.
　（10）子どもの頃，生活が苦しかったことがある.
　（11）この国の人々の生活が貧しかったことがある.
　（12）不安で寝られなかったことがある.

（13）アグスさんが学校に<u>来なかったことがある</u>．

このようなシタコトガアルとシナカッタコトガアルは，発話の時点では，その反対の状況であることが一般に含意されます．以下，⇒の右側が含意される現状です．

（8'）⇒　現在，あの人は日本語教師ではない．
（9'）⇒　現在，女性が職業を持つことは難しくない．
（10'）⇒　現在，生活は苦しくない．
（11'）⇒　現在，この国の人々の生活は貧しくない．
（12'）⇒　現在，寝られる．
（13'）⇒　現在，アグスさんは学校を休まない．

以上のように，基本的に，過去の出来事を単純に語る場合は「した」を使い，発話時より以前の出来事を話し手が記憶に残る出来事と認識して語る場合は，「したことがある」を使い分けます．

　さらに，次の（14）〜（16）のように，「見る・聞く」などの情報の受信を表す動詞や「思う・考える・想像する」などの思考動詞と一緒に「したことが／もない」の形で使われると，知らなかったことを見たり聞いたりしたときの驚きなどを強調して伝えることもできます．

（14）そんなひどい話，<u>聞いたこともない</u>．
（15）こんなにきれいな花は<u>見たことがない</u>．
（16）高校から留学するなんて<u>考えたこともなかった</u>．

日本語教育の実践に向けて

　実際の授業では，単なる文型練習としての語形変化にとどまらず，個々の学習者にとって，とりたてて語る価値がある出来事や経験となるような例を用いて，シタコトガアルを単純な過去の表現のシタと対照させて練習をすることが望まれます．

■教材を作成する1≫ 初・中級の口頭練習

　この課の教授項目についての理解を踏まえて，初・中級レベルの日本語学

習者への「口頭練習」を考えます．学習者の反応を促す刺激（キュー）を使いながら，練習を作成しましょう．

例題 ④

教授項目 1「もう」と「まだ」を例として，初・中級の日本語学習者向けの口頭練習を考えます．

1）「モウとマダの基本の整理」，「モウとマダの使い分け」（27 ～ 29 頁）の要点を意識できるような練習を作成しましょう．
2）あなたが作った場面と例文を紹介しましょう．

例題 4 の解答例

1) **練習の作成**……話し手が物事の進捗を説明する状況を設定したうえで，キューを与える（状況設定の例：今，起きました．質問に答えてください．キューの例：朝ご飯は？　顔洗った？　歯を磨いた？）．
2) **場面と例文の紹介**……提示した状況について，場面や例文の適切さ，自然さの観点から練習作成者同士で（独習の場合は客観的に）評価する．

問題 4

教授項目 2「した」と「したことがある」を例として，初・中級の日本語学習者向けの口頭練習を考えます．

1）「シタコトガアルの用法の整理」，「シタコトガアルとシナカッタコトガアルの使い分け」（31 ～ 32 頁）の要点を意識できるような練習を作成しましょう．
2）あなたが作った場面と例文を練習作成者同士で紹介し合いましょう．

■教材を作成する 2 ≫ 初・中級のロールプレイ，読解教材，作文課題

　初・中級レベルの日本語学習者に向けて，「ロールプレイ」「読解教材」「作文課題」を作成します．以下では，次の 4 つの場面を想定して取り組み

ます．例題ではいずれか１つの場面を用いており，それを参考にして考え
てみましょう．

①日本語の授業（社会的生活）：日本語のプレイスメントテストを受ける
②日本社会との接触（社会的生活）：アルバイトの面接を受ける
③友だち・先生との接触（個人の生活）：留学の準備状況について話し合
　う
④友だちとの接触（個人の生活）：引越しの準備状況について話し合う

例題 ⑤

初・中級の日本語学習者のためのロールプレイを考えます．

　1）場面②「アルバイトの面接を受ける」のロールカードを作りまし
　　　ょう．
　2）学習者に状況と役割を与え，それにふさわしい会話ができるよう
　　　に促しましょう．

例題5の解答例

1）**ロールカード**……

カードA	カードB
あなたは塾のアルバイトの面接を受けます．アルバイト先の人に初めて会います．自己紹介をして，質問に答えてください．またあなたの経験も伝えてください．	あなたは塾の学生アルバイトを探しています．面接をすることになったので，自己紹介をして，どんな学生なのか知るために，質問をしてください．これまでの経験も尋ねてください．

2）**会話の促し**……ロールカードを模擬的に使ってみて，指定された場面と役
割に合った自然な会話ができるかといった観点から，練習作成者同士で（独
習の場合は客観的に）評価する．

問題5

場面①〜④のうち，いずれかを選んでロールプレイの練習を考えましょ

う.

例題 ⑥

初・中級の日本語学習者向けの読解教材を考えます.

1) 場面①「日本語のプレイスメントテストを受ける」で求められる Can-do を考えましょう.

2) この場面に即した読解教材を, 学習者のレベルに合った語彙, 文型, 字数の観点から探しましょう. 生教材で学習者のレベルと合ったものが見つからないときは, 適切な読解教材を参考にして自分で教材を作成します. その際は, 教授項目を適切に組み込んでください.

3) ここで作成した読解教材を使って, どのような授業を展開するかを考えましょう.

例題 6 の解答例

1) **Can-do**……話し手の経験や物事の進捗を表現することができるようになる.

2) **読み物の例**……

〈アグスさんが日本語のプレイスメントテストで書いた作文〉

　わたしのなまえはアグス・ムリワンです. 日本のアニメが好きで, 日本語の勉強をはじめました. 日本語の勉強をしはじめて, もう2年になります. 日本語の勉強はすきなことと, きらいなことがあります. すきなことは, 話すことです. インドネシアで日本人の先生と日本語で話したことがありますが, 日本人の学生とまだ日本語で話したことがありません. きらいなことは, 文法の勉強です. 今までたくさん日本語を勉強しましたが, まだたくさんまちがえます. 今までは, まちがえたくないから, 日本人とあまり日本語を話しませんでした. でも, 日本ではもう心配しないで, どんどん日本語を話して, 日本語がじょうずになりたいです.

　日本のアニメはまだ好きで, ときどき DVD をみています. 日本では, インドネシアのアニメを日本人の友だちにしょうかいしたいと思います.

---

3) **授業の展開**……1 一緒に読む／2 内容を確認するための質問をする（だれ

が書きましたか，どうして日本語の勉強を始めましたか，日本語を使ってどんな経験をしましたか，どんな経験をしていませんか，など）／3 日本語の作文の構成を確認する．学習者の国・地域の書き方と比較するなどを話し合う．

問題6

│場面①〜④のうち，いずれかを選んで読解教材を考えましょう．

例題 ⑦

読んだこと，話したことをもとにして，初・中級の日本語学習者向けの作文課題を作ります．

1) 場面①「日本語のプレイスメントテストを受ける」に関連させた作文課題を考えましょう．
2) 書き手，読み手，文章のジャンルや目的，文体などの設定を提示しましょう．

例題7の解答例

1) 作文課題……場面①に関連させて，「自分の日本語の学習経験を書く」という課題
2) 各種の設定要素……書き手（氏名，年齢，性別，出身地域）／読み手（出身地域，大学，学年）／文章のジャンルや目的（ブログ，自分の日本語学習経験を表現し，何が得意か，何を勉強したことがないのかを伝える）／文体（です・ます体），など

問題7

│場面①〜④のうち，いずれかを選んで作文課題を考えましょう．

■授業をデザインする≫ 教案づくり

この課で作成した教材を使って，実際に授業を組み立ててみましょう．

授業の枠組みを設定し，教案を作成します．ウェブ上の「教案フォーマット」を活用してください．

1) ここまで作成した教材で，学習者に求められる Can-do を確認しましょう．
2) 授業形態（人数，学習者情報，教材・教具，教室環境など）を想定しましょう．
3) 口頭練習，ロールプレイ，読解教材，作文課題などの活動をどの順で展開するか考えましょう．
4) 教授項目をどのように導入するか，説明はどのようなことに注意するかを考えましょう．
5) 各活動を行う際，どのような指示を出すかを考えましょう．

例題 8 の解答例

1) **Can-do ～** 5) **指示**……ウェブ上の「第 2 課の教案例」を参照のこと．

問題 8

場面①～④のうち，いずれかを選んで教案を作成しましょう．

③ 話し手の意見と出来事・行動の 時間的前後関係の表現

「〜と思う」「〜かもしれない」「〜だろう」／
「してから」「したあとで」をいつ・どう使う？

■授業の準備をする≫ ゴールと教授項目

　あなた自身の意見を述べるとき，「〜と思う」「〜かもしれない」「〜だろう」を使うことがあります．このような表現を使った例文として，どのようなものが頭に浮かびますか．日本語の初級教科書では，たとえば「雨が降ると思います」「雨が降るかもしれません」「雨が降るでしょう」のような例文が紹介されます．また，「まえ」「あと」「から」などを使って，一連の行動や出来事の前後関係を述べる表現も紹介されます．

　この課では，これらの表現が実際に使われる場面を分析しながら，日本語教育にどのように応用するかを考えていきます．まずは，この課のゴールと教授項目を確認しましょう．

> **ゴール**
>
> 自身の意見，また行動や出来事の前後関係を話す際の文法について，学習者に適切な理解を促すための授業ができる．

> **教授項目**
>
> 1 「〜と思う」「〜かもしれない」「〜だろう」
> 2 「してから」と「したあとで」
> 3 「するまえに」と「しないうちに」

■日本語を振り返る≫ 設定場面「ホストファミリーに週末旅行について相談する」

　日常生活で上の文法・文型がどのように使われるか，例を通して確かめます．以下のモデル会話は，初・中級レベルを想定したもので，「ホストファミリーに週末旅行について相談する」という場面で作成されています．これを読んで，後の問いに答えましょう．

〈モデル会話──ホストファミリーの居間で〉

山本：大学はどうですか．もう慣れた？　　　　　　　　　　　　　　　　[1]

マドレーヌ：はい．もう友だちができました．今度，一緒にどこかへ遊びに
　　　　　行くかもしれません．どこかおすすめはありますか．

山本：まだ考え中？

マドレーヌ：はい，再来週行きます．　　　　　　　　　　　　　　　　　[5]

山本：あ，そう．で，日帰り？

マドレーヌ：はい．日帰りで．

山本：そうだなあ．いいところはたくさんあるけど……．あ，鎌倉は
　　　知っていますか．

マドレーヌ：カマクラですか？　いえ，どこにありますか．　　　　　　　[10]

山本：神奈川県です．神奈川県は東京都の隣です．鎌倉なら，電車で
　　　もそんなに遠くありませんよ．

マドレーヌ：そうですか．

山本：鎌倉はいいですよ．桜はもう終わっちゃったと思うけど，桜の
　　　あとはアジサイが美しい季節だから，日帰り旅行にいいですよ．[15]
　　　あじさい寺とか，あるし．

マドレーヌ：あじさい寺ですか．なんかいいですね．

山本：雨に濡れたあじさいも，とてもきれいだから，晴れでも，雨で
　　　も楽しめると思いますよ．あ，でも週末は混んでいるかもし
　　　れないから，平日に行ったほうがいいと思いますよ．　　　　　[20]

マドレーヌ：そうなんですね．じゃあ，平日の授業がない日で計画します！

山本：1日遊ぶ計画なら，鎌倉に行ってから，江の島というところま
　　　で足を伸ばしてもいいでしょうね．

マドレーヌ：江の島へ，足を伸ばす？

山本：ああ，ごめん，ごめん．足を伸ばすというのは，もう少し遠い[25]
　　　ところまで行く，という意味です．

マドレーヌ：あ，ちょっと待ってください．忘れるまえにメモをします．

山本：忘れるまえに？　ま，とにかく江の島という島が，鎌倉からそ
　　　んなに遠くないところにあるから，そこなら海も楽しめますよ.

マドレーヌ：へえ．じゃあ，鎌倉に行ったあとで，江の島へ行きます.　　　　[30]

山本：え，1日で2か所回れるよ．ま，とにかく，鎌倉は美しいもの
　　　を見ながら散歩もできるし，海も楽しめるし…….

マドレーヌ：とても楽しそう…….

山本：うん．鎌倉はいいですよ．あ，でも平日の朝は通勤の人で電車
　　　が混むからなあ…….　通勤時間で電車が混まないうちに移動　　[35]
　　　したほうがいいですね.

マドレーヌ：なるほど．わかりました.

山本：鎌倉は，ほんとにいろいろあって1日たっぷり楽しめます．鶴
　　　岡八幡宮もあるし，おいしいお店もあるし，たしか最近は陶
　　　芸体験ができるところもあるって聞きましたよ．座禅の体験　　[40]
　　　ができるところもあったと思うよ.

マドレーヌ：へえ，そうですか．楽しそう…….

山本：そう．おすすめですよ．何回行っても楽しめると思います．ま，
　　　初めてなら，ガイドブックがいるでしょうね.

マドレーヌ：そうですね．行くまえにガイドブックを買って，友だちと相談　　[45]
　　　します！　ありがとうございます！

例題 1

モデル会話の中から，教授項目1「〜と思う」「〜かもしれない」「〜だ
ろう」を探し出しましょう．また，初・中級日本語教材として，どのよ
うな意図でそれらが配置されているかを考えましょう.

例題1の解答例

教授項目1の出現箇所……2行目「一緒にどこかへ遊びに行くかもしれません」，
14行目「もう終わっちゃったと思うけど」，18行目「晴れでも，雨でも楽
しめると思いますよ．あ，でも週末は混んでいるかもしれないから，平日に
行ったほうがいいと思いますよ」，23行目「足を伸ばしてもいいでしょうね」，
40行目「座禅の体験ができるところもあったと思うよ」，43行目「何回行
っても楽しめると思います」

教授項目1の配置の意図……これらは，学習者の不自然な発話と対比して日本
語話者の自然な発話が配置されていると思われる，など.

モデル会話から，教授項目 2「してから」と「したあとで」，教授項目 3「するまえに」と「しないうちに」を探し出しましょう．例題 1 を参考にしながら，それぞれの出現箇所，配置の意図をまとめましょう．

■日本語を分析する 1 ≫「〜と思う」「〜かもしれない」「〜だろう」

先ほどのモデル会話を使って教授項目を授業で扱うとき，日本語教師はどのような点について留意すると思いますか．例題を使って考えていきましょう．

例題 ❷

日本語教育の視点から，教授項目 1「〜と思う」「〜かもしれない」「〜だろう」に関する会話が示唆することは何でしょうか．例文 1) をもとにして，気づいたことを挙げましょう．

〈例文〉
1) 社長：午後の会議は何時からだった？
　　秘書：?13 時からかもしれません．
2) 田　中：明日，大学にいる？
　　わたし：?ええ，いるでしょう．
3) A：鍵，かけた？
　　B：あ，かけなかったかも……．
4) 社長：午後の会議は何時からだった？
　　秘書：?13 時からだと思います．
5) A：C ちゃん，明日遅刻しないで，ちゃんと来るかなあ．
　　B：目覚ましを 2 つかけて寝るって言っていたから，大丈夫でしょう．

例題 2 の解答例

例文 1) で気づいたこと……たとえば，秘書の発話としては無責任に感じられる．「かもしれません」は責任を持って発言する際には適切ではない，など．

例題2の例文2）〜5）をもとにして，気づいたことをそれぞれ挙げて
みましょう．

日本語教育の視点で見ると？

「〜と思う」「〜かもしれない」「〜だろう」は話し手の判断を表す初級レ
ベルで学習する項目です．通常，「〜だろう」は「〜でしょう」の形で，初
級のかなり早い段階で導入されます．「〜と思います」も述語の普通形の学
習が済んだ段階で導入されます．また，「〜かもしれない」は可能性の表現
として導入されます．これらの項目を習った学習者には，3つの表現の異同
と使い分けの理解が必要です．

トオモウ，カモシレナイ，ダロウが表す意味

一般に，トオモウ，カモシレナイ，ダロウは，何かについて，話し手の判
断・気持ち・推量などを表す表現とされています．話し手自身に属する情報
については，たとえば記憶を失っていない限り，「私の出身は東京都だと思
う／かもしれない／だろう」などと言うことはできません．この3つの表
現を（1）の言いきりの形と比べてみましょう．

(1) 週末は，鎌倉は観光客で混雑している．
(2) 週末は，鎌倉は観光客で混雑している<u>と思う</u>．
(3) 週末は，鎌倉は観光客で混雑している<u>かもしれない</u>．
(4) 週末は，鎌倉は観光客で混雑している<u>だろう</u>．

（1）では，話し手は週末の鎌倉の混雑状況を100パーセントの確信を持っ
て断定的に伝えます．一方，（2）(3)(4) からは，話し手が情報に100パー
セントの確信がないことが伝わります．

しかし，トオモウ，カモシレナイ，ダロウが相互に入れ替え可能かという
と，そうではありません．たとえば，カモシレナイは，複数の，時に矛盾す
る事態を並べても，発言の責任を問われることはありません．（3）の代わ
りに（5）のように言っても問題ありません（近藤 2018 など）．

(5) 鎌倉は混雑している<u>かもしれない</u>し，混雑していない<u>かもしれない</u>．

また（6）のような言い方もできます.

> (6) この事件の犯人は, 被害者の身内<u>かもしれない</u>し, 知人<u>かもしれない</u>. あるいは, まったく面識がない人物<u>かもしれない</u>.

（近藤・姫野編著 2012）

一方, トオモウとダロウは, 次のように用いることはできません.

> (7)*週末は, 鎌倉は混雑している<u>と思う</u>し, していない<u>と思う</u>.
> (8)*週末は, 鎌倉は混雑している<u>だろう</u>し, していない<u>だろう</u>.

カモシレナイの用法の整理

　まずカモシレナイについて考えます. カモシレナイは, 話し手の意見や見解について断定を避けて, 想定される可能性として述べるときに使う表現です. 話し言葉では, （9）のように縮約形のカモが使われることがあります.

> (9) 明日寒い<u>かも</u>. ／雨が降る<u>かも</u>. ／おいしくない<u>かも</u>.

また, たとえ話し手自身の行動でも, 記憶がなく自覚がない場合には, 可能性の1つとして（10）のように言うことができます.

> (10) A：鍵, かけてきた？
> 　　 B：かけたと思うけど……. もしかしたら, かけなかった<u>かも（しれない）</u>.

（近藤 2018）

　可能性を述べることを主とするカモシレナイには, 待遇表現上の利点もあります. たとえば, 話し手自身の意見・好み・考えを聞き手のそれと対立しないように言いたいときは, （11）が可能です. また, （12）のように聞き手の誘いを無下に断りたくない場合に, 聞き手の意図と対立しても問題が生じないようにカモ（シレナイ）を使って, 衝突を避けることができます.

> (11)【味見をしながら】あ, 私, これ, 好き<u>かも（しれない）</u>.

（近藤・姫野編著 2012）

> (12) A：明日, 一緒に行かない？
> 　　 B：だめ<u>かも</u>. ／行きたくない<u>かも</u>. ／行ける<u>かも</u>.

　さらに，「間違っているかもしれませんが」「迷惑をおかけするかもしれないのですが」など，間違ったことは言わないように，迷惑はかけないように心がけてはいるが，その可能性がないとは言えないと前もって言及することで，聞き手に反論の余地を残しつつ，婉曲的で丁寧なもの言いを実現することができます．このように，可能性を示すカモシレナイは，使い方によっては，待遇上便利な表現ですが，使いすぎて無責任に聞こえないように注意することも必要です．

ダロウの用法の整理

　次にダロウについて考えます．ダロウは，デショウの形で，初級レベルで教えられる項目です．述語の普通体活用を習った段階で，デショウを付けることで断定を避け，話し手の推量を述べることができるという解説が多いようです．上の（4）も鎌倉の混雑状況についての話し手の推量ということになります．

　しかし，どのような場合でも普通体の述語にデショウを付けて問題ないでしょうか．

　（13）A：この果物はおいしいですか．
　　　　B：?おいしいでしょう．／?おいしくないでしょう．

（13）のBは，初めて見た果物についてのAの問いに応えるのですが，その果物の味について何かしらの根拠がなければ，デショウは使えません．推量には根拠が必要です．Bの発話が自然になるには，根拠を示すことが必要です．Bもその果物を食べたことがない場合でも，（13'）のように根拠を示せば「でしょう」は問題ありません．

　（13'）B：いいにおいがするからおいしいでしょう．／まだ青いからおいしくないでしょう．

もちろんBが青果市場の人で専門的な知識を持っており，そのことをAが知っている場合は，特に根拠を示さなくても，AはBの回答に納得します．Bには専門的な根拠があると想定できるからです．ダロウ（デショウ）は，100パーセントの確信がないため，断定できなくても，何がしかの根拠に

裏付けされた推論の結果の表明です.

　また，話し手は，聞き手のほうが情報を持っていると判断した場合に，上昇イントネーションの「デショ（ウ）？」の形で，自身の事態の認識が確かかどうかを聞き手に問うことができます．一般に「確認要求のデショウ」と呼ばれ，話し手が自分の推測の妥当性を聞き手に確認するような使い方です（近藤 2018 など）.

　　（14）学生 A：明日，大学に来る<u>でしょ（う）？</u>
　　　　　学生 B：もちろん.
　　（15）夫：今日の新聞は？
　　　　　妻：テーブルの上にある<u>でしょ？</u>

トオモウの用法の整理

　さらに，トオモウについて考えます．日本語母語話者はトオモウを頻繁に使うと言われ，不必要な I think の頻用を母語が英語学習に与える影響（母語の転移）だと指摘されることがあります．では，どのようなときにトオモウを使うのでしょうか．まず，話し手個人の属性など，話し手が100 パーセント確信がある事態については，トオモウを使うことができないのは先に述べたとおりです．また，専門分野や職務など，話し手が100 パーセント知る立場にある事態についてトオモウを使うと，（16）のように無責任な発話になります.

　　（16）部長：今日の打ち合わせの場所はどこ？
　　　　　秘書：第一会議室です．／*第一会議室だ<u>と思います</u>.　　（近藤 2018）

　その一方で，トオモウは，話し手の判断・感想・意見などを述べる場合に，断定的な物言いを避け，話し手の個人的見解であるということを示す便利な表現でもあります.

　　（17）東京の物価は高いです．／東京の物価は高い<u>と思います</u>.

実際には発言内容に確信があっても，人それぞれ判断や見解が異なりうる話題について意見を述べる場では，トオモウを用いて断定を避け，話し手の個人的見解として述べることができます．先の（2）も，鎌倉の混雑について，断定を避けた個人的な見解になっています.

さらに，話し手の内面の感情・願望・意志などを表明する場合に，トオモウを付けることで，いわばむき出しの感情などをオブラートに包んだような間接的な表現に変え，結果として会話の場や聞き手に対する配慮を生じさせます．

(18) a. お会いできて うれしいです／うれしく 思います（*うれしいと 思います）．
　　 b. 鎌倉に 行きたいです／行きたいと 思います．
　　 c. 鎌倉に 行こう！／行こうと 思います．

トオモウ，カモシレナイ，ダロウの異同と使い分け

　最後に，トオモウはカモシレナイとダロウのあとに使うことができます．先に述べたように，トオモウはその前の部分を自分の個人的な見解として述べる表現ですから，可能性も何かの根拠に基づく推論も自分の個人的な見解であるとして，婉曲に表現することを可能にします．

(19) 明日は雨が 降るだろうと思います．／降るかもしれないと思います．

以上をまとめると，次のようになります．

　トオモウ：話し手の個人的な見解であるということ表す
　カモシレナイ：可能性の1つであるということを表す
　ダロウ：何がしかの根拠に基づいた想定であるということを表す

たとえば，(20) の気象予報士の発言の中で，(20a) のデショウが一番責任を伴った予報に聞こえるのはこの違いによるものです．

(20) a. 明日は，夏の高気圧の影響で暑さが厳しくなるでしょう．
　　 b. ?明日は，夏の高気圧の影響で暑さが厳しくなると思います．
　　 c. ??明日は，夏の高気圧の影響で暑さが厳しくなるかもしれません．

　また，よく言われる「だろう運転」と「かもしれない運転」は，ダロウとカモシレナイの違いをうまく利用した表現です（近藤・姫野編著 2012）．「歩行者はいないだろう」「対向車は来ないだろう」は話し手が何がしかの情報に基づいて想定している事態を表し，「歩行者がいるかもしれない」「対向車

が来るかもしれない」は，可能性の1つとして排除できない事態を表しています．前者は「危険なことは起こらない」という楽観的な予測に基づく危険運転の戒めに，また後者は「危険なことは起こりうる」という可能性に基づく安全運転への提言になります．

日本語教育の実践に向けて

　初級レベルでデショウを導入する場合は，推量の根拠も問う練習が必要です．また，日本語母語話者の会話では，推量よりも確認要求の使用頻度が高いと言われることから，初級日本語教育でも，確認要求の「でしょ（う）？」を推量のデショウより早く導入しようという提案もあります．個人の意見表明の指導という点では，デショウより先にトオモウを導入する方法も考えられます．

■日本語を分析する２≫「してから」と「したあとで」

例題 ③

日本語教育の視点から，教授項目2「してから」と「したあとで」に関する会話が示唆することは何でしょうか．例文1）と2）をもとにして，気づいたことを挙げましょう．

　〈例文〉
1）【ダンスの指導で】1回しゃがんでから，ジャンプします．
2）【ダンスの指導で】?1回しゃがんだあとでジャンプします．
3）A：パジャマを着てから寝なさい．
　　B：?ええ，なんで？
4）A：前菜はメインのあとで！
　　B：ええ，なんで？
5）A：財布がないことに，いつ気がつきましたか．
　　B：電車を降りてからです．／電車を降りたあとです．

例題3の解答例

例文1）で気づいたこと……たとえば，しゃがむこととジャンプすることがつな

がった動作に感じられ，しゃがむことでジャンプに弾みがつくイメージが持てる，など．

例文2)で気づいたこと……たとえば，しゃがむこととジャンプすることがつながった動作として感じられにくく，しゃがむことがジャンプの弾みになっていないように感じられる，など．

> ☐ 問題3
>
> 例題3の例文3）〜5）をもとにして，気づいたことをそれぞれ挙げましょう．

日本語教育の視点で見ると？

「してから」も「したあとで」も初級レベルで学習する項目です．シテカラは動詞のテ形を導入した後で，シタアトデは動詞のタ形を導入した後で学習します．2つの表現が導入されると，学習者にはその使い分けが課題になります．（1）のように，この課のモデル会話からも学習者（マドレーヌ）の発話に首をかしげている母語話者（山本）の姿があります．

（1）マドレーヌ：じゃあ，鎌倉に行ったあとで，江の島へ行きます．
　　　山　　　本：え，1日で2か所回れるよ．

このような，出来事の前後関係を表す表現について考えます．

シテカラとシタアトデの用法の整理

まず，シテカラは動詞のテ形にカラを付けただけですが，シタアトデは，2つ目の事態が未来の未実現のことであっても動詞のタ形を使うことに学習者の注意を促してください．（2）のようにタ形の使用は，1つ目の事態は2つ目の事態が起きる時点で完了していること（アスペクト）を表します．

（2）昨日は，ゲームをしたあとで宿題をしたけど，今日は，宿題をしたあとでゲームをしよう．

まず，シテカラとシタアトデをシテと比べてみましょう．

（3）八幡宮に参拝して，昼ご飯を食べた．

(4) 八幡宮に参拝してから，昼ご飯を食べた.

(5) 八幡宮に参拝したあとで，昼ご飯を食べた.

（3）（4）（5）は，いずれも参拝が実現したのちに昼食をとるという意味ですが，違いは何でしょうか．通常，シテは2つの事態を単純につなぐもので，その2つの事態の内容によって，時間的な前後関係（3），並列関係（6），因果関係（7）などと解釈されます.

(6) 兄は社会人で，妹は高校生だ．／あの店は料理がおいしくて，サービスがいい．／私が洗濯をして，友だちが掃除をした.

(7) 病気で仕事を休んだ．／おいしくて食べすぎた．／歯が痛くなって歯医者に行った.

　一方，シテカラとシタアトデには「並列」「因果」の解釈はなく，専ら時間的前後関係の解釈のみで，主節の事態が従属節の事態よりのちに起こることを表します．また（4）（5）（8）（9）のように，多くの場合，交替可能です.

(8) 家を出てから忘れものに気づいた．／家を出たあとで忘れものに気づいた.

(9) 大学を卒業してから結婚した．／大学を卒業したあとで結婚した.

シテカラとシタアトデの相違点

　この2つの形式が交替できないのはどのような場合でしょうか．次の例を見てください.

(10) 小学校に入ってからピアノを習った．／小学校に入ったあとでピアノを習った.

(11) 小学校に入ってからピアノを習っている．／#小学校に入ったあとでピアノを習っている.

（10）と（11）の違いは，後の事態を表す述語の形の解釈にあります．（10）はどちらでも意味は同じですが，（11）は，シテイルで表される事態の解釈に違いが生じます．シテカラは，前の事態の時点から現在まで継続した場合，シタアトデは，ある人の履歴などをたどっている場合で，いわゆる「経験」の解釈になります．つまり，シテカラは，前の事態が後の事態の契機や起点

になり得ます．これは，「から」が起点や理由を表す助詞であることを考えると不思議なことではありません．一方，シタアトデは，継続的な習慣の契機や起点の解釈はしにくく，単に出来事の時間的前後関係を表します．

　また，たとえば就寝前の歯磨きなど通常2つでひとまとまりと考えられる連続した事態について語る場合，（12）から（14）のように，シタアトデよりシテカラのほうが使われやすいと言われます．

（12）歯を磨いてから寝た．　／??歯を磨いたあとで寝た．
（13）玄関の鍵を確認してから出かけた．　／?玄関の鍵を確認したあとで出かけた．
（14）質問を読んでから答えを書いてください．　／??質問を読んだあとで答えを書いてください．

　一方，シタアトデが自然なのは，（15）や（16）のように，事件や事故の事情聴取などで，事態の前後関係の解明が関心事である場合です．

（15）警　察：警察に電話したのはどの時点ですか．
　　　目撃者：犯人が出て行ってから110番しました．　／犯人が出て行ったあとで110番しました．
（16）警　察：財布がないことにいつ気がつきましたか．
　　　財布をすられた人：電車を降りてから気がつきました．　／電車を降りたあとで気がつきました．

　以上のように，シテカラは連続する事態の前後関係だけでなく，動作や活動の契機・起点も表しますが，シタアトデは2つの事態の前後関係を明確にすることに焦点があります．

日本語教育の実践に向けて

　初級レベルでは，形態的に単純な順に，シテ，シテカラ，シタアトデが導入されます．シテカラを導入した段階で，それが単に2つの事態の前後関係を表すだけではなく，2つの出来事の連続性に焦点を当てる表現でもあることを教師は心に留めておく必要があります．また，シタアトデを導入する段階で，学習者の習得レベルに配慮しつつ，2つの形式の共通点と相違点を学習者に示すことも必要です．

■日本語を分析する３≫「するまえに」と「しないうちに」

例題 ④

日本語教育の視点から，教授項目３「するまえに」と「しないうちに」に関する会話が示唆することは何でしょうか．例文 1）と 2）をもとにして，気づいたことを挙げましょう．

〈例文〉
1）あなたって口に出すまえに何も考えてないよね．言うまえに，ちょっと考えたらどう？
2）?あなたって口に出すまえに何も考えてないよね．言わないうちに，ちょっと考えたらどう？
3）A：忘れないうちにメモとっとこ！
　　B：そうだね．そのほうがいいね．
4）A：お客さんが来るまえに部屋をそうじしてしまいましょう．
　　B：そうしましょう．
5）A：【アイスクリームを】どうぞ，溶けないうちに召し上がってください．
　　B：では，遠慮なくいただきます．

例題 4 の解答例

例文 1) で気づいたこと……1）と 2）を比べると，1）はこのようなアドバイスを受けた人は，「考えてから発言する」という行動について考えることができる，など．

例文 2) で気づいたこと……たとえば，このような表現では発話者の意図が伝わらない．「まわりの人にきらわれないうちに，よく考えたらどう？」なら大丈夫だ，など．

問題 4

例題 4 の例文 3）〜 5）をもとにして，気づいたことをそれぞれ挙げましょう．

日本語教育の視点で見ると？

「するまえに」も「しないうちに」も初級レベルで学習する項目です．どちらも2つの出来事の時間的前後関係を表す表現で，時間的前後関係にある2つの事態について，主節の事態が従属節の事態より前に起こることを表します．(1)のいずれも，いつ帰るかを表しています．英語ではどちらも Let's go home before it gets dark. にあたります．また，(1)は(2)のように言い換えることが可能です．

(1) 暗く<u>なるまえに</u>帰ろう．／暗く<u>ならないうちに</u>帰ろう．
(2) 明る<u>いうちに</u>帰ろう．

次のように，この課のモデル会話からも学習者（マドレーヌ）の理解と母語話者（山本）の語感とがずれているらしいことが分かります．

(3) マドレーヌ：あ，ちょっと待ってください．<u>忘れるまえに</u>メモをします．
     山　　　本：<u>忘れるまえに</u>？

「まえに」と「うちに」の表現の違いを学習者に示すことが必要です．

スルマエニとシナイウチニとスルアイダニの用法の整理

まず，スルマエニは，主文の事態が過去であっても，未来の未実現のことであっても，ル形をとることに学習者の注意を促してください．これは，この課の教授項目2のシタアトデとちょうど反対です．日本語のル形とタ形は時制（テンス）表示だけでなく，完了（アスペクト）の表示でもあります．2つの事態の間で，前件が後件の時点で完了していたら，タ形（例：したあとで）が，未完了だったらル形（例：するまえに）が使われます．

(4) （私は）<u>寝るまえに</u>歯を磨いた／<u>寝るまえに</u>歯を磨こう．
(5) （私は）<u>仕事したあとで</u>一息入れる／<u>仕事したあとで</u>一息入れよう．

では，スルマエニとシナイウチニについて考えましょう．スルマエニの主たる機能は，(1)(4)(6)のように2つの出来事の時間的前後関係を表すことです．

(6) 就職するまえに旅行した．／旅行するまえにガイドブックを買った．

一方，（4）（5）はシナイウチニで言い換えることはできません．

 (4′)*私は寝ないうちに歯を磨いた．／*私は寝ないうちに歯を磨こう．
  （参照：母親は，子どもが寝ないうちに（子どもの）歯を磨いた．）
 (5′)*私は一息入れないうちに仕事をした．／*私は一息入れないうちに
  仕事をしよう．

 ウチニはマエニと違って，時間軸の一点を表す表現ではありません．ウチニは始まりと終わりのある何らかの時間の幅を含意します．このことは，「若いうちに」とか「学生のうちに」などの表現があることから分かります．「若さ」や「学生時代」は始まりと終わりのある時間の幅を表します（近藤2018など）．
 次に，ウチニと同じように時間の幅を表すアイダ／アイダニと比較してみましょう．

 (7) 夏休みのあいだアルバイトをした．／夏休みのあいだにアルバイト
  をした．
 (8)*子どもが寝ているあいだ仕事を済ませた．／子どもが寝ているあい
  だに仕事を済ませた．

 夏休みには始まりと終わりがあり，同様に，子どもの昼寝にも始まりと終わりがあります．アイダは，時間の幅を持つ名詞や出来事の継続を表す述語について，その期間，その事態が継続している時間の幅のすべてを表します．そして，アイダニは，言及された期間中の一点で，主節の事態が実現するという意味になります（近藤2018など）．（7）の「あいだ」は，夏休みの期間とアルバイトの期間が同じで，休みの間ずっとアルバイトをしたという意味ですが，（7）の「あいだに」は，夏休みの期間中のある時点でアルバイトが実現し，完結したという意味になります．一方，（8）の主節は「仕事を済ませる」という終わりのある完結した行為ですから，アイダは不適切で，アイダニを使う必要があります．
 ある期間の一時点を表すアイダニとウチニは交替可能です．（9）も（10）も（7）（8）のアイダニと比べて大きな違いを感じません．

（9）夏休みの<u>うちに</u>アルバイトをした．

（10）子どもが寝ている<u>うちに</u>仕事を済ませた．

　この2つの違いは，それぞれが前提とする時間の幅を話し手がどう捉えているかにあります．アイダは始まりと終わりのある時間の幅ですが，ウチは始まりはともかく，終わりが分からない，終結点が明確でない時間の幅です．いつ終わるか分からないことから，何らかの緊張感が生まれます．（11）からは，ウチニを使うことによって，暗くなり始める時間が正確に分からない，いつ暗くなるか分からない，つまり，いつ事態が変化するか分からないという話し手のある種の"緊張感"が伝わります．（12）の「あいだに」は青春まっさかりの人への，「うちに」はそろそろ若者と言えなくなる年齢が近づいている人へのアドバイスと考えてもよいかもしれません．

（11）?明るい<u>あいだに</u>帰ろう．／明るい<u>うちに</u>帰ろう．

（12）若い<u>あいだに</u>勉強しておいたほうがいい．／若い<u>うちに</u>勉強しておいたほうがいい．

　では，あらためてスルマエニとシナイウチニを比べましょう．ウチニは，終結点が予測できないことから，否定とともに使われて，事態の変化が実現するまでの時間の短さを強調します．

（13）【授業開始30分前】　先生が<u>来るまえに</u>友だちの宿題を書き写した．

（14）【授業開始直前】　先生が<u>来ないうちに</u>友だちの宿題を書き写した．

（13）からは，話者の余裕すら感じられますが，（14）からは，話者の緊張感が感じられます．（15）～（17）も同様です．

（15）あまり年を<u>とらないうちに</u>方々旅行しよう．

（16）傘がないから，<u>雨が降らないうちに</u>帰ろう．

（17）子どもが<u>起きてこないうちに</u>仕事を済ませよう．

以上のように，スルマエニは，話し手にとって終わりが明確な期間のある時点で主節の事態が起こること，またシナイウチニは，話し手にとって事態がいつ変化するか明らかでないような時間の幅の終結間際の時点で主節の事態が起こることを表します．事態の変化や緊急性に対する話し手の捉え方の違

いが，この2つの表現の違いに現れています．

スルマエニとシナイウチニとスルアイダニの異同と使い分け

以上をまとめると，次のようになります．

マ エ ニ：2つの事態の時間的前後関係に話し手の関心があることを表す

ウ チ ニ：終結時が明確ではないものの，終結間近の時点であるという話
し手の捉え方を表す

アイダニ：開始と終結が明確である期間の一点であるという話し手の捉え
方を表す

最後に，次の例で4つの表現の違いを確認しましょう．

（18）a. 桜が咲いている<u>あいだに</u>花見に行こう．
    b. 桜が咲いている<u>うちに</u>花見に行こう．
    c. 桜が散る<u>まえに</u>花見に行こう．
    d. 桜が散ら<u>ないうちに</u>花見に行こう．　　　　　　　（近藤 2008）

（18a）のスルアイダニと（18c）のスルマエニは，桜がいつ頃からいつ頃
まで咲いているか，桜の開花期間がおおよそ分かっていて，それに合わせて
花見に行こうというニュアンスがあり，話し手は冷静に行動を計画していま
す．一方，（18b）のスルウチニと（18d）のシナイウチニは，桜の開花期間
の終わりが予測できない，桜が散ってしまっては花見ができないというよう
なニュアンスになり，加えて（18d）は，否定形によって「桜が散る」とい
う変化が未実現（まだ散っていない）の状態であることを強調することで，
（18b）より花見の計画の緊急性を伝えることができます．この4つの表現
を使い分けることで，話し手は事態の前後関係以上の言外の意味を表現する
ことができます．

日本語教育の実践に向けて

スルマエニとシナイウチニの使い分けには，上に見たような事態の変化や
緊急性に対する話し手の捉え方の違いの理解が不可欠です．初級レベルでは，
どちらでもよいと説明するのではなく，緊急性の感じられる文脈を多数用意
し，それらの緊急性の違いを学習者自身に判断させることで，学習者にスル
マエニとシナイウチニの違いの理解を促すことが必要です．

■教材を作成する1 ≫ 初・中級の口頭練習

　この課の教授項目についての理解を踏まえて，初・中級レベルの日本語学習者への「口頭練習」を考えます．学習者の反応を促す刺激（キュー）を使いながら，練習を作成しましょう．

例題 5

教授項目1「〜と思う」「〜かもしれない」「〜だろう」を例として，初・中級の日本語学習者向けの口頭練習を考えます．

　1)「トオモウ，カモシレナイ，ダロウが表す意味」から「トオモウ，カモシレナイ，ダロウの異同と使い分け」まで（43〜48頁）の要点を意識できるような練習を作成しましょう．
　2) あなたが作った場面と例文を紹介しましょう．

例題 5 の解答例

1) **練習の作成**……話し手が意見を言う状況を設定したうえで，キューを与える（状況設定の例：絵を見て話してください．キューの例：雨雲が迫ってくる空の写真）．
2) **場面の例文と紹介**……提示した状況について，場面や例文の適切さ，自然さの観点から練習作成者同士で（独習の場合は客観的に）評価する．

問題5

教授項目2「してから」と「したあとで」を例として，初・中級の日本語学習者向けの口頭練習を考えます．

　1)「シテカラとシタアトデの用法の整理」，「シテカラとシタアトデの相違点」（49〜51頁）の要点を意識できるような練習を作成しましょう．
　2) あなたが作った場面と例文を練習作成者同士で紹介し合いましょう．

教授項目3「するまえに」と「しないうちに」を例として，初・中級の
日本語学習者向けの口頭練習を考えます．

1) 「スルマエニとシナイウチニとスルアイダニの用法の整理」，「ス
ルマエニとシナイウチニとスルアイダニの異同と使い分け」（53～
56頁）の要点を意識できるような練習を作成しましょう．

2) あなたが作った場面と例文を練習作成者同士で紹介し合いましょ
う．

■教材を作成する２≫初・中級のロールプレイ，読解教材，作文課題

　初・中級レベルの日本語学習者に向けて，「ロールプレイ」「読解教材」
「作文課題」を作成します．以下では，次の４つの場面を想定して取り組み
ます．例題ではいずれか１つの場面を用いるので，それを参考にして考え
てみましょう．

①大学のゼミ（社会的生活）：友だちや先生とゼミ旅行の計画について話
　し合う

②日本社会との接触（社会的生活）：通学定期の買い方について窓口で相
　談する

③近しい日本人との接触（個人の生活）：ホストファミリーに週末の旅行
　について相談する

④友だちとの接触（個人の生活）：友だちと料理の手順について相談する

例題 6

初・中級の日本語学習者のためのロールプレイを考えます．

1) 場面③「ホストファミリーに週末の旅行について相談する」を選
んでロールカードを作りましょう．

2) 学習者に状況と役割を与え，それにふさわしい会話ができるよう
に促しましょう．

1) ロールカード……

カード A
あなたは留学生です．週末に友だちと
日帰り旅行をしたいと思っています．
おすすめの場所をホストファミリーに
聞いて，情報を集めてください．

カード B
あなたは留学生のホストファミリ
ーです．留学生の質問を聞いて答
えてください．

2) **会話の促し**……ロールカードを模擬的に使ってみて，指定された場面と役
割に合った自然な会話ができるかといった観点から，練習作成者同士で（独
習の場合は客観的に）評価する．

問題 7

場面①～④のうち，いずれかを選んでロールプレイの練習を考えましょ
う．

例題 **7**

初・中級の日本語学習者向けの読解教材を考えます．

1) 場面③の「ホストファミリーに週末の旅行について相談する」を
   選んで Can-do を考えましょう．
2) この場面に即した読解教材を，学習者のレベルに合った語彙，文
   型，字数の観点から探しましょう．生教材で学習者のレベルと合
   ったものが見つからないときは，適切な読解教材を参考にして自
   分で教材を作成します．その際は，教授項目を適切に組み込んで
   ください．
3) ここで作成した読解教材を使って，どのような授業を展開するか
   考えましょう．

例題 7 の解答例

1) **Can-do**……話し手の意見と出来事・行動の時間的前後関係について，表
現することができるようになる．

2) 読み物の例……

〈週末の旅行についてのレポート〉

鎌倉で陶芸体験

　　鎌倉は散策，お寺めぐりで人気がありますが，今回は陶芸体験を紹介します．
　わたしが訪ねたのは，あじさい工房さんです．
　　あじさい工房さんには，好きな器を自由に作ることができるコースと，お皿や
　カップに絵付けをするコースなど，いろいろなコースがあります．わたしは好き
　な器を作る「手びねりコース」に挑戦しました．
　　このコースでは，まず好きな粘土を選びます．次にロクロを使って器を作りま
　す．ロクロを使うのは難しいと思うかもしれませんが，案外大丈夫です．でも集
　中力が必要です．作っているうちに，だんだん心が落ち着くのを感じました．器
　を作ったあとは，装飾をつけて，うわぐすりをかけておしまいです．
　　1か月後，あじさい工房さんから，焼きあがった器が届きます．もしかしたら
　自分のイメージと違う色の作品になるかもしれません．でも，それも楽しみの1
　つだと思いました．
　　あなただけのオリジナルの器は，旅のいい記念になるでしょう．あじさい工房
　さんは外国語の説明も始めて，最近は外国人の観光客の間で人気急上昇中です．
　Webサイトで申し込みをしてから出かけてくださいね！

(H.K)

3）**授業の展開**……1　一緒に読む／2　内容を確認するための質問をする（だれ
が書きましたか，どのような目的で書きましたか，この人はどのような体験
をしましたか，この体験のどのような点が面白いですか，体験をするために
どのような注意点がありますか，など）／3　観光リポートのような何かを勧
める記事を書くときには，どのような構成がいいと思うかなどを話し合う

問題8

場面①〜④のうち，いずれかを選んで読解教材を考えましょう．

例題 8

読んだこと，話したことをもとにして，初・中級の日本語学習者向けの
作文課題を作ります．

1) 場面③「ホストファミリーに週末の旅行について相談する」に関連させた作文課題を考えましょう.
2) 書き手, 読み手, 文章のジャンルや目的, 文体などの設定を提示しましょう.

1) **作文課題**……場面③に関連させて,「週末旅行について報告する」という課題
2) **各種の設定要素**……書き手（氏名, 年齢, 性別, 出身地域）／読み手（出身地域, 大学, 学年）／文章のジャンルや目的（ブログ, 週末の出来事や行動について順を追って説明する）／文体（です・ます体）, など

| 問題 9 |
場面①〜④のうち, いずれかを選んで作文課題を考えましょう.

■授業をデザインする≫ **教案づくり**

この課で作成した教材を使って, 実際に授業を組み立ててみましょう.

例題 ⑨

授業の枠組みを設定し, 教案を作成します. ウェブ上の「教案フォーマット」を活用してください.

1) ここまで作成した教材で, 学習者に求められる Can-do を確認しましょう.
2) 授業形態（人数, 学習者情報, 教材・教具, 教室環境など）を想定しましょう.
3) 口頭練習, ロールプレイ, 読解教材, 作文課題などの活動をどの順で展開するか考えましょう.
5) 教授項目をどのように導入するか, 説明はどのようなことに注意するかを考えましょう.

6) 各活動を行う際，どのような指示を出すかを考えましょう．

1) **Can-do ～ 5) 指示**……ウェブ上の「第 1 課の教案例」，「第 2 課の教案例」
を参照のこと．

問題 10

場面①～④のうち，いずれかを選んで教案を作成しましょう．

話し手の意志と行動の計画の表現

「つもりだ」「V-ようと思う」をいつ・どう使う？

■授業の準備をする≫ゴールと教授項目

　あなたの意志や行動の計画を述べるとき，「つもりだ」や「V-ようと思う」を使うことがあります．このような表現を使った例文として，どのようなものが頭に浮かびますか．日本語の初級教科書では，「週末，何をするつもりですか」「勉強するつもりです」「勉強しようと思います」などの例文が紹介されます．

　この課では，あなた自身の意志や行動の計画を述べる文型が使われる場面を分析しながら，日本語教育にどのように応用するかを考えていきます．まずは，この課のゴールと教授項目を確認しましょう．

> ### ゴール
>
> 話し手の意志，行動の計画について話す際の文法について，学習者に適切な理解を促すための授業ができる．

教授項目

1 「つもりだ」と「V-ようと思う」
2 「はずだ」

　日常生活で上の文法・文型がどのように使われるか，例を通して確かめます．以下のモデル会話は，初・中級レベルを想定したもので，「東京見物の計画をホストファミリーと話す」という場面で作成されています．これを読んで，後の問いに答えましょう．

〈モデル会話──ホストファミリーの居間で〉

　山本洋平：マドレーヌさん，７月の連休，何か予定入っていますか．　　　　[1]
マドレーヌ：いえ，まだ何も決まっていません．
　山本かおる：ちょうどよかった．じゃあ，私たちと過ごしませんか．東京に
　　　　　　住んでいると，東京の中を観光することがないので，私たち
　　　　　　にもいい機会だと思って．　　　　　　　　　　　　　　　　[5]
マドレーヌ：わあ，いいですね．ぜひお願いします．で，お母さんたちはど
　　　　　　こへ行くつもりですか．
　山本かおる：え？　え，そうねえ……．
　山本洋平：下町はどうかな．
マドレーヌ：したまち？　したまちって？　　　　　　　　　　　　　　　[10]
　山本洋平：上下の下に，町って書いて下町．江戸時代から庶民が住んでい
　　　　　　た地域のことで，川の近くの地域って言えるかな．浅草とか
　　　　　　神田とか日本橋とか．
マドレーヌ：ふーん，じゃあ，うえまち，もあるのかなあ．
　山本かおる：じゃあ，浅草はどう？　浅草寺もあるし，スカイツリーも近く　[15]
　　　　　　にできたし．
　山本洋平：いいねえ．
マドレーヌ：浅草ですか．行ってみたいです．
　山本かおる：お昼は天ぷらはどう？
マドレーヌ：天ぷら？　天ぷらは，今度の金曜日に食べに行くはずです．　　[20]
　山本かおる：え？　あ，そう．じゃあ，ちがうものがいいわね．
　山本洋平：じゃ，どじょうはどうかな．浅草にお店があるはずだよ．
マドレーヌ：どじょう？　どじょうは，はじめて聞きます．何ですか．
　山本かおる：うなぎは知ってる？　小さいうなぎみたいなものよ．見た目は
　　　　　　ちょっとよくないけど，おいしいわよ．　　　　　　　　　　[25]
マドレーヌ：楽しみです！　行く前にどじょうのことを調べるつもりです．
　山本かおる：ああ，調べておこう，ということね．勉強熱心ね．

モデル会話の中から，教授項目1「つもりだ」と「V-ようと思う」を探し出しましょう．また，初・中級日本語教材として，どのような意図でそれらが配置されているかを考えましょう．

例題1の解答例

教授項目1の出現箇所……6行目「お母さんたちはどこへ行くつもりですか」，26行目「行く前にどじょうのことを調べるつもりです」

教授項目1の配置の意図……マドレーヌの発話は日本語学習者の発話にときどき見られる例で，学習者に注意喚起するという意図で配置されていると考えられる，など．

問題1

モデル会話から，教授項目2「はずだ」を探し出しましょう．例題1を参考にしながら，その出現箇所，配置の意図をまとめましょう．

■日本語を分析する1≫「つもりだ」と「V-ようと思う」

　先ほどのモデル会話を使って教授項目を授業で扱うとき，日本語教師はどのような点について留意すると思いますか．例題を使って考えていきましょう．

例題 2

日本語教育の視点から，教授項目1「つもりだ」と「V-ようと思う」に関する会話が示唆することは何でしょうか．以下の例文1）をもとにして，気づいたことを挙げましょう．

　〈例文〉
　1）A :?今日のお昼，何するつもり？
　　　B：え？　何って，何よ！
　2）A：部屋の鍵，開いてたよ．

3）A：お子さんの気持ち，ちゃんと聞いていますか.

B：大丈夫です．子どもの気持ちはちゃんと分かっているつも
りです.

4）A：今日，この後お出かけになりますか.

B：?いえ，今日は出かけるつもりじゃありません.

5）A：今日，この後お出かけになりますか.

B：いえ，今日は出かけるつもりはありません.

例題2の解答例

例文1）で気づいたこと……BがAから詰問されている感じがしている様子が
伝わる．Aに詰問の意図がなく，穏やかに質問する場合は「今日のお昼，何
する？」などと発話することが多いだろう，など.

問題2

例題2の例文2）〜5）をもとにして，気づいたことをそれぞれ挙げま
しょう.

日本語教育の視点で見ると？

　日本語の意志の表現とされる形式はいくつかあります．日本語学習者にと
って，日本語で自分の意志をどう表現するか，また聞き手の意志をどのよう
に問いかけるか，さらには第三者の意志はどのように表現するか，学習した
意志の表現を使い分けるのは容易ではありません．この課のモデル会話の
（1）からも使い分けの難しさが伝わります.

　（1）マドレーヌ：で，お母さんたちはどこへ行くつもりですか.
　　　山本かおる：え？　え，そうねえ…….

　日本語で話し手の意志を表すと言われる形式はいろいろありますが，ここ
では，（2）のような動詞のル形，（3）のような動詞の意向形（V-よう）に
トオモウを付けたもの，そして（1）と（4）のような「〜つもりだ」を取り
上げ，それぞれの異同と用法について考えます.

(2) 来週の浅草見物に参加するよ.

(3) 来週の浅草見物に参加しようと思う.

(4) 来週の浅草見物に参加するつもりだ.

動詞のル形（辞書形）とナイ形が表すこと

まず，（2）の動詞のル形について考えましょう．動詞の終止形が話し手の意志を表すかどうかは動詞の意味によります．日本語の動詞は，人が主語として意志で制御できる動きを表す動詞，いわゆる意志動詞と，できない動詞，いわゆる無意志動詞に分けることができます．意志動詞は，たとえば，「歩く」「行く」「食べる」「読む」「勉強する」などです．一方，無意志動詞は，人が自分の意志で制御できない事象，たとえば，「雨が降る」「風が吹く」などの自然現象や，「いらいらする」「どきどきする」「困る」「喜ぶ」「心配する」などの生理現象や心理現象を表す動詞です.

意志動詞のル形は，話し手の堅固な意志を表す基本的な形で，発話のイマ・ココで，話し手がある行為の遂行を宣言する意味を帯び，（2'）のような意志動詞のナイ形はその行為遂行をしないことを宣言する意味を帯びます.

(2') 来週の浅草見物に参加しないよ.

後続文脈での却下可能性

動詞のル形とナイ形を使った，ある行為を遂行する／しないという意志の表明は，後続の文脈で却下する，つまり否定することはできません．このことは，下の（2"）（3'）（4'）から分かります．（2"）の「参加する」は意志動詞のル形で，発話時点での話し手の堅固な意志を表し，後の文脈で否定することはできません.

スル・シナイとショウトオモウ，スルツモリダは後続文脈で却下することができるかどうかに違いがあります．スル・シナイは却下できませんが，（3'）のショウトオモウと（4'）のスルツモリダは，却下可能です.

(2")*来週の浅草見物に参加 する／しない けど，もしかしたら，参加 しない／する かもしれない.

(3') 来週の浅草見物に参加しようと思うけど，もしかしたら，参加しないかもしれない.

(4') 来週の浅草見物に参加するつもりだけど，もしかしたら，参加しないかもしれない.

シヨウトオモウの用法の整理

次に，シヨウトオモウ（「動詞の意向形＋と思う」）について考えますが，その前に，動詞の意向形（動詞語幹＋(y) oo）を整理しましょう．意向形の例は，「行く→行こう」，「食べる→食べよう」などで，不規則動詞は「しよう」と「来よう」です．話し手が，発話のイマ・ココで決意した意志を発言する場合を見てみましょう．意志動詞の意向形は，(5) のように話し手の心内発話や独話であれば一人称「私（話し手）」の意志を表しますが，聞き手のいる対話の場面では，(6) のように聞き手に向けての行為の申し出，また，(7) のように聞き手を含む包括的な一人称「私たち」として提案や勧誘を表します．

(5) 【内言】来週試験があるから，勉強しよう．
(6) その荷物，僕が持とう／持ちましょうか．
(7) 来週の浅草見物，一緒に行こう／行きましょうよ．

意向形を使って話し手の意志を表明したい場合には，「意向形＋と思う」の形にしなくてはなりません．そして，話し手が対話の時点以前に未来の行為遂行を決めていたことを表します．オモッテイルはその意志がしばらく前から発話時点まで持続していることを表します．

(8) A：来週の浅草見物，どうする？
　　B：行こうと思う．／と思っている．

また，意志が暫定的で，完全に固まっていない場合は，「意向形＋か＋と思う」を使います．

(8') A：来週の浅草見物，どうする？
　　 B：行こうかと思っている．／どうしようかと思っている．

ツモリダの用法の整理

最後に，ツモリダについて考えます．ツモリダの前には，動詞のいろいろな形が付きますが，動詞の辞書形を使った「動詞辞書形＋ツモリダ」は発話時より前から決めていた未来の行為遂行の意志を述べると解釈することができ，「意志形＋トオモウ」と同様の意味を表します．

（9）A：来週の浅草見物，どうする？

　　　B：行くつもりだ．／行こうと思っている．

　しかし，次の例から明らかなように，ツモリダに動詞の辞書形以外が前接すると，ツモリダが話し手の未来の行為遂行の意志を表すのではないことが分かり，ツモリダが話し手の意志を表すという説明に疑問が生じます．

（10）今度の試合のために，十分練習を積んだつもりだ．

（11）反抗期の子どもの心理は分かっているつもりだ．

（12）あれ，自転車がない．鍵をかけて，ここにつないだつもりだったけど．

　そこで，ツモリダは，話し手の意志ではなく，話し手の心の中に浮かんだ何らかの自身の行為のイメージ，あるいは，心内の画像の標識であると考えてみましょう（近藤・姫野編著 2012，近藤 2018）．話し手の心内のイメージに過ぎないので，後続の文脈で却下できます．まず，動詞のル形とナイ形の例を見ましょう．

（3”）来週の浅草見物に参加するつもりだけど，もしかしたら，参加しないかもしれない．

（13）来週の浅草見物には参加しないつもりだけど，気が変わるかもしれない．

（3”）のツモリダは，未実現の行為を遂行する話し手自身の心の中のイメージ，（13）のツモリダはある行為を遂行しない話し手自身の心の中のイメージだと考えてよいと思われます．いずれも，話し手の心内のイメージですから，却下できます．

　次に，動詞のタ形とテイル形がツモリダに前接する例を見てみましょう．

（10）今度の試合のために，十分練習を積んだつもりだ．

（11）反抗期の子どもの心理は分かっているつもりだ．

　この例の話し手は，記憶や信念をたどって，自分自身の心内の画像を思い起こします．発話時点では，話し手はその画像が真であると信じていますが，実際には，現実と突き合わせる前であり，その真偽は未確認です．このよう

なツモリダの使用は，文脈によっては，聞き手に話し手の強い思いこみだと解釈される可能性があります．

　一方，ツモリダッタの形は，現実と突き合わせて心内の画像が偽であることを確認したあとであることを表します．このタイプは，しばしば「でも」「けど」「のに」などの逆接の接続表現を伴って，話し手が心内の画像と現実の食い違いを認識したことを表します．反事実の仮想と呼ばれることもあります．

　　（12）あれ，自転車がない．鍵をかけて，ここにつないだつもりだったけ
　　　　ど．
　　（14）反抗期の子どもの心理は分かっているつもりだったんですが……

　さらに，連用形のツモリデの形で，主文の事態の修飾表現として使われることもあります．

　　（15）今日はリハーサルだったが，本番の観客の前にいるつもりで演じて
　　　　みた．
　　（16）大丈夫．大船に乗ったつもりでいてください．

（15）は動詞が表す本番の事態を，また（16）は安全が保証されている自分自身を心の中に思い描いて，主文の動作をすることを表します．
　最後に，スルツモリダには2通りの否定の形があると言われます．

　　（17）来週の浅草見物に行かないつもりだ／行くつもりはない．

「動詞ナイ形＋つもりだ」は，その行為をしない話し手自身の心内イメージがあり，却下可能です．一方で「動詞の辞書形＋つもりが（は）ない」は，ある行為をする自身のイメージそのものが話し手の心の中に存在しないことを表します．（17'）のように却下しにくいことから，聞き手には非常に強い否定と解釈され，しつこい誘いを断るときなどにも使われるようです（近藤2018）．

　　（17'）??来週の浅草見物に行くつもりはないが，行くかもしれない．

スル・シナイ，シヨウトオモウ，ツモリダのまとめ

以上をまとめると，次のようになります．

動詞のスル形とシナイ形：話し手の発話時点での明確な行為遂行の意志を
　宣言する
意向形＋トオモウ：発話時点より前から考えていた行為遂行の意志を表す
ツモリダ：話し手の心の中に想起された話し手自身の行為に関するイメー
　ジを表す

ちなみに，親しい間柄でない限り，（18）のように聞き手の意志を「するつ
もりですか」で尋ねることはしにくいようです．これが，冒頭の例（1）の
母語話者の戸惑いの原因です．

（18）来週の東京見物に 行きますか／行こうと思っていますか／??行くつ
　　　もりですか．

日本語教育の実践に向けて

　ツモリは話し手の心の中に属する画像であるので，第1課で見たように，
聞き手の願望を聞くときに「〜したいですか」が使いにくいのと同じで，
「〜つもりですか」は，それに触れ，話し手の私的領域に踏み込むことにな
ります．とても親しい間柄を除いて，聞き手の意志の問いかけとしての使用
は避けなければなりません．（18）の場合でも，仮に「いらっしゃるおつも
りですか」などと敬語を使っても容認度は上がりません．「何をしようと思
っていますか」も同様で，親しい間柄の聞き手以外は，「何をしますか／な
さいますか」が適当です．待遇上の問題を起こさないように，日本語学習者
への適切な指導が必要です．

■日本語を分析する2≫「はずだ」

例題 ③

日本語教育の視点から，教授項目2「はずだ」に関する会話が示唆する
ことは何でしょうか．以下の例文1）をもとにして，気づいたことを挙
げましょう．

〈例文〉

1) A：Bさん，明日の午後，大学にいますか.

B：?えっと，テストがあるから大学にいるはずです.

2) A：ねえ，Cさん，明日の午後，大学にいるか知っていますか.

B：来るはずですよ．同じクラスを受けているんですけど，明日テストがあるから.

3) A：Cさん，明日のゼミに来るかな.

B：?ええ？　気分屋だから来ないはずだよ.

4) A：Bさん，明日の午後，大学に来ますか.

B：?えっと，テストがあるから大学に来るはずです.

5) A：Bさん，土曜日だけど，大学に来られますか.

B：えっと，特に予定が入っていませんから大学に来られるはずです.

例題 3 の解答例

例文 1）で気づいたこと……たとえば，Bのセリフは自分の予定を他人事のように話している印象を受ける．Bにそのような印象を与える意図が特にない場合は，たとえば「えっと，テストがあるから大学にいますよ」「えっと，テストがあるから大学にいると思います」などとなる，など.

問題 3

例題 3 の例文 2）〜5）をもとにして，気づいたことをそれぞれ挙げましょう.

日本語教育の視点で見ると？

　日本語のいわゆる推量を表す表現は多様です．初級レベルの項目に限ってみても，「するでしょう」「すると思います」「するようです」「するはずです」など複数が挙げられます．日本語学習者にとっては，これらの使い分けが難しいことは言うまでもありません．この課のモデル会話からもその難しさが窺えます.

　（1）山本かおる：お昼は天ぷらはどう？

　　　マドレーヌ：天ぷら？　天ぷらは，今度の金曜日に<u>食べに行くはず</u>

です．

　　山本かおる：え？　　あ，そう．じゃあ，ちがうものがいいわね．

　「はずだ」は論理的な推論を表すと言われます．推論には根拠が必要で，何らかの根拠に基づいて，そこから推論して導き出される帰結を示す表現形式です．第3課で扱った「だろう」のほか，「〜に違いない」も推論の帰結を表す形式と考えられます．ここでは，これらの表現を比べてみましょう．

ハズダとダロウとニチガイナイの相違の整理

　ハズダとダロウとニチガイナイの3つの表現を比べてみましょう．

　(2) スミス氏は，日本に30年住んでいるから，日本語が<u>分かるはずだ</u>．
　(3) スミス氏は，日本に30年住んでいるから，日本語が<u>分かるだろう</u>．
　(4) スミス氏は，日本に30年住んでいるから，日本語が<u>分かるに違いない</u>．

(2)(3)(4)はいずれも，スミス氏が日本に30年住んでいるという事実を根拠に同氏の日本語力について推論し，「日本語が分かる」ということを帰結として導いている点では同じですが，その意味合いには違いが感じられます．どのような違いでしょうか．

　(5) 田中さんは私より2歳下だから，来年25歳に<u>なるはずだ／なるだろう／??なるに違いない</u>．
　(6) あの学生は気まぐれだから，明日の授業に<u>??来ないはずだ／来ないだろう／来ないに違いない</u>．

(5)と(6)を比べると，(5)の根拠と帰結の関係と，(6)の根拠と帰結の関係が異なることが分かります．(5)は計算に基づいた論理的推論の帰結と言えますが，(6)はそうではありません．暫定的に，ハズダが論理的な，ある種の計算に基づく推論の帰結を示すとすると，ニチガイナイは，論理的な推論ではなく，話し手の個人的，直感的な判断の結果を表すと言えそうです．話し手は，自身の直感的な判断を断定することはできませんが，ほぼ間違いがないと確信しているというようなニュアンスを帯びます．

　ニチガイナイに似た表現として「に決まっている」がありますが，ニチガイナイよりさらに非論理的，個人的，直感による判断の結果を表します．そ

の点，ダロウの守備範囲は広く，ハズダに近い論理的推論もニチガイナイに近い直感的な判断も可能です．第3課で見たように，ダロウは「何がしかの根拠に基づいた想定であるということ」を表すだけで，推論の性質は問わないようです．

ハズダの用法の整理

では，あらためてハズダについて考えましょう．すでに見たように，ハズダは，何らかの根拠に基づく論理的推論の結果を話し手の判断として示す形式です．話し手の判断の確かさを表す副詞「きっと」「たぶん」「おそらく」などとも共起します．

(2') スミス氏は日本に30年住んでいるから，たぶん／おそらく／きっと日本語が分かるはずだ．

(7) 田中さんは9時発の「のぞみ」に乗った．そろそろ京都に着くはずだ．／もう京都に着いているはずだ．

(8) ガソリンスタンドでガソリンを20リットル入れた．これであと200kmは大丈夫なはずだ．

(9) 高橋さんは明日試験があると言っていた．今夜は遅くまで勉強しているはずだ．

(10) A：田中さん，明日大学に来るでしょうか．
　　 B：明日はアルバイトがあるって言っていたから，来ないはずです．

ハズダの判断の根拠は，(7)(8)のように時間や数に基づくもの，(2')(9)のように何らかの習慣，一般常識に基づくもの，(10)のように見聞きした情報など多岐にわたります．

またハズダは，ある事実を知って，それが別の何らかの事実の根拠だということ，すなわち，根拠と帰結の関係を新たに認識することができた，なるほどと腑に落ちた，了解できたという場合にも使えます．「道理で」などの副詞と共起します．このハズダの使い方は，2つの情報の間に因果関係を見つけたときに使う「わけだ」で言い換えることができることも1つの特徴です（近藤2018）．

(11) あ，窓があいている．道理で寒いはずだ／寒いわけだ．

(12) あ，鍵が壊れている．開かないはずだ／開かないわけだ．

またハズダは，何らかの客観的な根拠に基づく論理的推論でない限り，話し手自身の意志的な行動については使えません．これが冒頭の（1）の学習者の発話の不自然さの理由です．

（13）a. *（私は）単位を落とさなければ，来春卒業するはずです．
　　　b. （私は）単位を落とさなければ，来春卒業できるはずです．
（14）私たち，来年の今頃は，無事に大学を卒業しているはずです．

（13a）は話し手の意志でコントロールできる行動を示します，（13b）は可能形で，話し手の意志でコントロールできません．また，（14）は大学卒業までの必要時間と卒業後の状態との間に客観的な推論関係が成り立つので，ハズダの使用を可能にします．

ハズダの否定の表現

「はずだ」の否定を考えてみましょう．初級レベルの学習者にとって，「本だ」の否定は「本ではない」ですから，「はずだ」の否定も「はずではない」とする誤用が見られます．「はずだ」の否定は，「ないはずだ」と「はずはない」であることに注意を喚起しましょう．

（15）a. こんな難しい漢字は，小学生には読めないはずだ．
　　　b. こんな難しい漢字は，小学生には読めるはずはない．

（15a）は，「難しい漢字が小学生には読めない」という客観的推論の帰結を示しますが，（15b）は「難しい漢字が小学生に読める」という推論自体が存在しないという意味になり，一般常識から言って，そのようなことはあり得ないという，可能性の否定を表します．

では，「はずではない」はまったく使われないかというと，そうではありません．ただし，その使用はかなり制限され，「はずではなかった」という過去の形で，話し手が自身の推論に反する事態を認識したことを表します．「こんなはずじゃなかったのに……」などがその例です．

最後に，次のように，ハズダで聞き手に対して推量に基づく判断を問うことはできません．ハズダはあくまでも，話し手自身の推論を表す形式です．

（16）明日，学校に 来ますか／*来るはずですか．
（17）この本を読んだら，試験に 合格するでしょうか／*合格するはずで

すか.

（18）明日は　猛暑になるでしょうか／*猛暑になるはずですか.

日本語教育の実践に向けて

　以上のように，話し手の推量を表す表現は多様です．一般的な教授項目の提出順ではハズダの導入は「デショウ」「トオモイマス」「ダロウ」などのあとです．新しい項目を導入する際に，既習の項目との異同を明確にする指導が必要です．待遇上の誤用につながらないように，「はずですか」を使って聞き手に推量を問うことができないことについても，学習者の注意を喚起してください．

■**教材を作成する１≫初・中級の口頭練習**

　この課の教授項目についての理解を踏まえて，初・中級レベルの日本語学習者への「口頭練習」を考えます．学習者の反応を促す刺激（キュー）を使いながら，練習を作成しましょう．

例題 ④

教授項目１「つもりだ」と「Ｖ-ようと思う」を例として，初・中級レベルの日本語学習者向けの口頭練習を考えます．

1)「動詞のル形（辞書形）とナイ形が表すこと」から「スル・シナイ，ショウトオモウ，ツモリダのまとめ」まで（67～71頁）の要点を意識できるような練習を作成しましょう．

2) あなたが作った場面と例文を紹介しましょう．

例題 4 の解答例

1) **練習の作成**……話し手の意志に関する表現を使う状況を設定したうえで，キューを与える（状況設定の例：アドバイスをもらってください．キューの例：旅行する，留学する）．

2) **場面と例文の紹介**……提示した状況について，場面や例文の適切さ，自然さの観点から練習作成者同士で（独習の場合は客観的に）評価する．

教授項目2「はずだ」を例として，初・中級の日本語学習者向けの口頭練習を考えます．

   1）「ハズダとダロウとニチガイナイの相違の整理」から「ハズダの否定の表現」まで（73〜76頁）の要点を意識できるような練習を作成しましょう．

   2）あなたが作った場面と例文を練習作成者同士で紹介し合いましょう．

■教材を作成する2》初・中級のロールプレイ，読解教材，作文課題

  初・中級レベルの日本語学習者に向けて，「ロールプレイ」「読解教材」「作文課題」を作成します．以下では，次の4つの場面を想定して取り組みます．例題ではいずれか1つの場面を用いるので，それを参考にしながら考えてみましょう．

①奨学金の面接（社会的生活）：将来の計画や夢について，インタビューに答える

②大学での個人面談（社会的生活）：来学期の授業計画について，先生に相談する

③近しい日本人との接触（個人の生活）：週末の旅行の計画について話し合う（友だちと・ホストファミリーと）

④友だちとの接触（個人の生活）：自分の国の気候や家族の様子を想像して語る

例題 ⑤

初・中級の日本語学習者のためのロールプレイを考えます．

   1）場面③「週末の旅行の計画について話し合う（友だちと・ホストファミリーと）」のロールカードを作りましょう．

   2）学習者に状況と役割を与え，それにふさわしい会話ができるように促しましょう．

1) **ロールカード**……

カード A あなたは留学生のホストファミリーです．一緒に住んでいる留学生を，週末の観光に誘ってください．具体的にどのようなところに行って何をするかについて相談してください．

カード B あなたは留学生です．ホストファミリーの話を聞いて，一緒に予定を考えてください．

2) **会話の促し**……ロールカードを模擬的に使ってみて，指定された場面と役割に合った自然な会話ができるかといった観点から，練習作成者同士で（独習の場合は客観的に）評価する．

問題 5

場面①～④のうち，いずれかを選んでロールプレイの練習を考えましょう．

例題 **6**

初・中級の日本語学習者向けの読解教材を考えます．

1) 場面③「週末の旅行の計画について話し合う（友だちと・ホストファミリーと）」で求められる Can-do を考えましょう．
2) この場面に即した読解教材を，学習者のレベルに合った語彙，文型，字数の観点から探しましょう．生教材で学習者のレベルと合ったものが見つからないときは，適切な読解教材を参考にして自分で教材を作成します．その際は，教授項目を適切に組み込んでください．
3) ここで作成した読解教材を使って，どのような授業を展開するか考えましょう．

例題 6 の解答例

1) **Can-do**……学習者が自身の行動の計画とそれを遂行する意志の有無について，話すことができるようになる．

2) 読み物の例……

〈マドレーヌのブログ〉

浅草見物の予定

　今日，ホストファミリーの山本さんのお宅に食事に行きました．今度の連休に
いっしょに東京見物を<u>しようと言ってくれました</u>．山本さんは東京に住んでいる
ので，東京は<u>珍しくないはずです</u>．一般的に自分の住んでいる町の観光をする人
は少ないかもしれません．わたしの家族もパリから電車で1時間くらいのとこ
ろに住んでいますが，パリ見物に行く機会はあまりありませんから．
　連休には日本語を勉強するつもりでしたが，せっかくですから山本さんといっ
しょに浅草見物に<u>行こうと思います</u>．浅草は，東京の下町ですが，昔の時代が感
じられる古いお寺と新しい時代を象徴するスカイツリーが見られる町だと聞きま
した．お昼は「どじょう」が食べられる店に行きます．「どじょう」を調べてみ
ました．ウナギに似ていますが，もっと小さい魚で，江戸の名物でした．まだ食
べたことがないので，この機会に浅草で「どじょう料理」に<u>挑戦するつもりです</u>．
山本さんがすすめる料理ですから，<u>おいしいはずです</u>．
　次回のブログで，写真といっしょに浅草見物の報告を<u>しようと思います</u>．

3) **授業の展開**……1　一緒に読む／2　内容を確認する質問をする（だれが書き
ましたか，いつ，だれとどこへ行く予定ですか，どのようなことを楽しみに
していますか，など）／3　週末の予定などについて少し詳しく説明し合う

| 問題6 |

場面①～④のうち，いずれかを選んで読解教材を考えましょう．

| 例題 ⑦ |

読んだこと，話したことをもとにして，初・中級レベルの日本語学習者
向けの作文課題を作ります．

　1) 場面③「週末の旅行の計画について話し合う」を選び，その場面
　　に関連させた作文課題を考えましょう．
　2) 書き手，読み手，文章のジャンルや目的，文体などの設定を提示

しましょう.

例題 7 の解答例

1) **作文課題**……場面③に関連させて,「週末の旅行について」という課題
2) **各種の設定要素**……書き手(氏名, 年齢, 性別, 出身地域)／読み手(出身地域, 大学, 学年)／文章のジャンルや目的(ブログ, 学習者自身の行動の計画とそれを遂行する意志の有無について述べる)／文体(です・ます体),など

問題 7

場面①〜④のうち, いずれかを選んで作文課題を考えましょう.

■授業をデザインする》**教案づくり**

この課で作成した教材を使って, 実際に授業を組み立ててみましょう.

例題 ⑧

授業の枠組みを設定し, 教案を作成します. ウェブ上の「教案フォーマット」を活用してください.

1) ここまで作成した教材で, 学習者に求められる Can-do を確認しましょう.
2) 授業形態(人数, 学習者情報, 教材・教具, 教室環境など)を想定しましょう.
3) 口頭練習, ロールプレイ, 読解教材, 作文課題などの活動をどの順で展開するか考えましょう.
4) 教授項目をどのように導入するか, 説明はどのようなことに注意するかを考えましょう.
5) 各活動を行う際, どのような指示を出すかを考えましょう.

1）**Can-do** 〜 5）**指示**……ウェブ上の「第 1 課の教案例」，「第 2 課の教案例」
を参照のこと．

問題 8

| 場面①〜④のうち，いずれかを選んで教案を作成しましょう．

話し手自身の行動の背景を説明する表現

「〜んです」(ノダ文)をいつ・どう使う？

■授業の準備をする≫ ゴールと教授項目

　あなた自身の行動について，その理由や原因などの背景を説明するとき，「〜んです」や「〜のです」を使うことがあります．このような表現を使った例文として，どのようなものが頭に浮かびますか．日本語の初級教科書は，授業に遅刻して「事故があったんです」，困っている人に「どうしたんですか」などのような例文が紹介されます．

　この課では，このような話し手の行動の背景について話すときの項目を取り上げ，それらが実際に使われる場面を分析しながら，日本語教育にどのように応用するかを考えていきます．まずは，この課のゴールと教授項目を確認しましょう．

ゴール

話し手自身の行動の背景を説明する際の文法について，学習者に適切な理解を促すための授業ができる．

教授項目

1 「〜んです」(ノダ文)
2 「する・なる」と「ことにする・ことになる」

　日常生活で上の文法・文型がどのように使われるか，例を通して確かめます．以下のモデル会話は，初・中級レベルを想定したもので，「日本語クラスで遅刻の理由を説明する」という場面で作成されています．これを読んで，後の問いに答えましょう．

〈モデル会話──日本語のクラスで〉

　　　ファン：すみませーん.　　　　　　　　　　　　　　　　　　　　　[1]
　小島先生：ファンさん，10分遅刻ですよ．クイズはもうすぐ終わります.
　　　ファン：すみません．電車が遅れたんですから.
　小島先生：ん？　あ，電車が遅れたんですね.
　　　ファン：クイズ，今から受けたいです．いいですか.　　　　　　　　[5]
　小島先生：残念ですが，だめですよ．クラスのルールですから．あ，ピー
　　　　　　ターさん，どうしましたか.
　　ピーター：うーん．頭が痛いです.
　小島先生：大丈夫ですか．無理をしないほうがいいですよ.
　　ピーター：はい．ちょっと外で休んできてもいいですか.　　　　　　　[10]
　小島先生：わかりました．よくなったら戻ってきてください．じゃあ，授
　　　　　　業を始めましょう．今日は，はじめに皆さんの小さいできご
　　　　　　とを話す活動をしましょう．あ，ファンさん，いつもきちん
　　　　　　と時間通りに教室に来るのに，今日は残念でしたね.
　　　ファン：そうです．信号機をこわして，電車を止めました.　　　　　[15]
　小島先生：え？　ファンさんが？
　　　ファン：いえ！　わたしじゃないです．原因がわかりません.
　小島先生：ああ，じゃあ，信号機がこわれて，電車が止まったんですね.
　　　ファン：ああ，そうです，そうです．先生，日本語って難しいですね.
　小島先生：大丈夫ですよ．あ，はい．ジャッキーさん.　　　　　　　　　[20]
　ジャッキー：はい．きのう，わたしの国から友だちが来ました.
　小島先生：あー，お友だちが…….
　ジャッキー：はい．ごはんを食べに行くとき，携帯が落ちて，こわしました.
　小島先生：ん？　もう一度．だれが何をしたんですか.
　ジャッキー：友だちがわたしの携帯を使っていましたが，だれかにぶつかっ　[25]
　　　　　　て，携帯が落ちました．それで，こわしました.
　小島先生：ああ，お友だちが携帯を落として，携帯がこわれちゃったんで
　　　　　　すね.

ジャッキー：あ，はい．そうです．あー，まだだめですね．もう少し，日本
　　　　　　語をがんばることにします．　　　　　　　　　　　　　　[30]

> **例題 ①**
>
> 　モデル会話の中から，教授項目 1「〜んです」（ノダ文）を探し出しま
> しょう．また，初・中級日本語教材として，どのような意図でそれらが
> 配置されているかを考えましょう．

例題 1 の解答例

教授項目 1 の出現箇所……3 行目「電車が遅れたんですから」，4 行目「電車が
遅れたんですね」，18 行目「信号機がこわれて，電車が止まったんですね」，
24 行目「だれが何をしたんですか」，27 行目「携帯がこわれちゃったんで
すね」

教授項目 1 の配置の意図……3 行目のファンのセリフは中級以降の日本語学習
者にときどき見られる発話で，学習者にその不自然さを注意喚起するという
意図で配置されていると考えられる．そのほかは，日本語母語話者の自然な
発話を配置している，など．

> 問題 1
>
> 　モデル会話から，教授項目 2「する・なる」と「ことにする・ことにな
> る」を探し出しましょう．例題 1 を参考にしながら，その出現箇所，配
> 置の意図をまとめましょう．

■日本語を分析する 1 ≫「〜んです」（ノダ文）

　先ほどのモデル会話を使って教授項目を授業で扱うとき，日本語教師はど
のような点について留意すると思いますか．例題を使って考えていきましょ
う．

> **例題 ②**
>
> 　日本語教育の視点から教授項目 1「〜んです」（ノダ文）に関する会話

が示唆することは何でしょうか．以下の例文1）をもとにして，気づいたことを挙げましょう．

〈例文〉
1）A：?先生，今日は帰ってもいいですか．風邪を引いたんですから．

　　B：え？
2）A：この間，箱根に行ってきたんです．

　　B：で，いかがでしたか．
3）A：すみません．1号館へ行きたいんですが……．

　　B：1号館ですか．1号館ならあの建物ですよ．
4）A：?すみません．この服を着てみたいですが．

　　B：あ……．どうぞ，試着室はこちらです．
5）A：ちょっと水をいただけますか．薬を飲みたいんで．

　　B：あ，はい．どうぞ．

例題2の解答例

例文1) で気づいたこと……たとえば，Aのセリフは日本語学習者にときどき見られる発話だ．Bの先生の反応には少し戸惑いが感じられる．Aのセリフは日本語母語話者なら，「風邪を引いたんです．」「風邪を引きました．」などと発話し，「〜んです」と「から」を組み合わせて使わないだろう．ただし，「風邪を引いたんですから」は，致し方ない状況を意図的に主張する場合には使うことがある，など．

問題2

例題2の例文2）〜5）をもとにして，気づいたことをそれぞれ挙げましょう．

日本語教育の視点で見ると？

　日本語の会話には「のです／んです／のだ／んだ」などで終わる発話が頻繁に観察されます．母語話者がこれらの形式を使わずに話そうとすると，たちまち会話が滞ってしまいます．ここではこのような形式で終わる発話文を総称して「ノダ文」と呼びます．自然な日本語のやりとりに不可欠なノダで

すが，学習者が産出する日本語には，学習レベルにかかわらずノダの誤用や非用（使うべきところで使わない）が観察されます．この課のモデル会話にも，ノダ文の難しさが現れています．

(1) ファン：すみません．電車が遅れたんですから．
　　小島先生：ん？　あ，電車が遅れたんですね．

次の例も見てください

(2) 【授業に遅れて】目覚まし時計が鳴らなかったんです／?鳴りませんでした．

(2) の場合，「鳴らなかったんです」のほうが「鳴りませんでした」より適切に聞こえます．日本語教育では，ノダ文は「説明」の機能を持つと解説されることが多く，学習者の発話には，顔色が悪い人に「??病気なんですか」と聞いたり，(1) の「??電車が遅れたんですから」あるいは (2) をもとにした「???目覚まし時計が鳴らなかったんですから」と言ったりする類のノダ文の誤用，また，知人と出会って「?どこに行きますか」と尋ねたりする非用（使うべきところに使わない）が観察され，習得の難しさが窺えます．「どこに行くんですか」などが適切です．ここでは，母語話者の日常会話に頻繁に現れるノダ文の発話について考えます．

ノダ文の関連づけ機能

　ノダ文は日本語学でさまざまな分析や解説がなされてきましたが，近年の研究はノダの機能を「説明」ではなく「関連づけ」とする考え方に収斂しつつあります（近藤・姫野編著 2012，近藤 2008, 2018 など）．ここでも，ノダ文を話し手による「関連づけ」を表す文末形式として考えます．
　ノダ文の統語構造は，文を名詞化する機能を持つ準体助詞ノにダが付いたものです．日本語教育では，名詞化される文の述語が普通体であるため，述語の普通体（だ／ある体）の導入後の教授項目と考えられています．また，ノダ文の解釈は文脈に依存すると言われ，いろいろな意味用法が指摘されています．

(3) 【授業で居眠りして】昨日，眠れなかったんです．
(4) 【道に迷って】すみません．郵便局に行きたいんですが……．

(5) 【環境の変化に急に気づいて】あ，雨が降っていた<u>んだ</u>．／あ，君，来ていた<u>んだ</u>．

(6) A：太郎の学校は中高一貫教育だって．

　　B：じゃあ，高校受験はない<u>んだ</u>ね．いいね．

(7) 【留学を反対されて】来年，絶対留学する．留学する<u>んだ</u>．

(8) 【遊んでばかりいる子どもに】遊んでばかりいないで，勉強もする<u>んですよ</u>．

　これらのノダ文の意味用法は，（1）（2）（3）は「説明」，（4）は「前置き」，（5）は「気づき」，（6）は「言い換え」，（7）は「決意表明」，（8）は「命令・指示」などと呼ばれ，1つの形式に多数の用法があるように見えるのですが，ノダの中核的機能を「関連づけ」とすると，これらを統一的に解釈することが可能になります．

　ノダの「関連づけ」の基本について考えましょう．「関連づけ」には，2つの出来事あるいは情報が関わります．たとえば（1）と（2），そして（3）では，話し手が授業に遅れた，また授業で居眠りをしたという情報を話し手と聞き手が発話の場で共有しています．もう1つの情報，つまり電車の遅れと目覚まし時計が鳴らなかったこと，また前夜の不眠は，発話の場では話し手だけが知っている情報です．話し手は自分だけが知っている情報を聞き手と共有している情報に関連づけ，新しい情報として発話の場に提供します．一方，聞き手は，新たに提供された情報を的確に関連づけて解釈しなくてはなりません．この情報のやりとりのメカニズムがノダ文の基本です．

ノダ文による情報伝達の2つの条件——協調の原理と共同注意

　ノダ文による情報伝達の実現には，2つの条件が必要です．第一の条件は，話し手と聞き手が Grice（1967）のいう「会話の協調の原理」（Principle of Cooperation）を遵守し，互いに協力しながら円滑な情報伝達の実現を目指すということです．第二の条件は，発話の場で，話し手と聞き手が同じ物事に注目し，同じ情報を共有しているということです．発話の場で話し手と聞き手が同じ物や事に注意を向けることを「共同注意」と言います．話し手によるノダ文の関連づけを聞き手が的確に解釈するには，協調の原理と共同注意が前提です．

　話し手は，協調の原理を前提に，発話の場で聞き手と共有する情報に関連させて，聞き手が知り得ない新しい情報をノダによって導入します．話し手による2つの情報の関連づけは極めて主観的であり，ノダの機能は「関連

がある情報であることを示す」に過ぎません．聞き手は，協調の原理に則って，ノダ文を「新しく導入する情報を関連づけよ」という指示と解釈し，話し手の意図を推測します．どのような関連か，話し手の意図通りに解釈できるかどうかは，聞き手の側に委ねられます．

　普通，2つの出来事や情報の間に考えられる関連性は，原因と結果，理由と帰結など，論理記号でいうと P→Q（P ならば Q）のような関係，また，同じものが見る角度によって異なる側面から捉えられる場合のように，ある情報がもう1つの情報で言い換えられる関係，つまり P＝Q に似た関係が考えられます．現実の世界では，原因と結果などの物理的な因果関係だけでなく，だれかの意図的な行動と，それによって引き起こされる事態との関係などさまざまな因果の連鎖があります．

　この関連づけの考え方で，先の例を分析してみましょう．（1）（2）（3）は，いわゆる因果関係で，話し手は発話の場で共有している情報に対して，それを引き起こした原因や背景の情報を関連づけてノダで聞き手に示します．この因果関係は聞き手に理解しやすいもので，ノダの関連づけの基本と言えます．

　（4）は前置きのノダ文です．「すみません」によって話し手は聞き手に共同注意を促し，そのうえで新しい情報（郵便局に行きたいこと）をノダで提示します．共同注意を促された聞き手は，ノダの「新しい情報を関連づけよ」という指示のもとで，関連づけられるべき情報が示されるのを待ちます．ノダ文による「前置き」は，（4）のような場面では，依頼（「郵便局の場所を教えてください」など）の前置きであり，また，（9）のように，話し手の前日の行動の語りの前置きにもなります．

　（9）A：きのう新しい日本映画を観に行ったんだ．
　　　　B：何を 観たの？／どこで観たの？／いつ観に行ったの？

ノダ文による「前置き」は慣習化されていて，依頼の場合は，具体的な依頼文が続かなくても，話し手の発話意図が理解でき，依頼に応えることが可能です．また語りの前置きは，それに続く会話の話題提供になります．

　（5）は，話し手が新たに認知した情報（外の天気や周囲の変化）をノダ文で聞き手に提示することで，共同注意にある聞き手に話し手の「気づき」を伝えます．（6）は「言い換え」の例です．直前の情報（「中高一貫教育」）を異なる側面（高校受験がない）で解釈したもので，P＝Q の関連づけの例です．これらはいずれも，共同注意態勢にある聞き手であれば推論可能です．

（7）の「決意表明」，（8）の「命令・指示」の用法も「関連づけ」で分析可能ですが，その導入は中上級レベル以降に委ねて，ここでは扱いません．関心がある方は，巻末の参考文献（近藤 2008, 2018; 池上・守屋編著 2009 など）を参照してください．（1）（2）（3）（4）がノダ文の中核的な機能の典型であり，初級日本語教育の教授項目です．

日本語教育の実践に向けて

　初級レベルの指導では，中核的な機能の理解のために，2 つの情報の基本的な「関連づけ」を学習者に気づかせてください．基本練習としては，たとえば，情報（状況）を表す 2 枚の絵を使うことが考えられます．1 枚は話し手と聞き手の共有情報として，もう 1 枚は話し手のみが知る情報です．この情報のギャップを利用して，話し手の関連づけと聞き手による理解の練習をすることが基本となります．共有する情報は，話し手自身のことでも，第三者のことでもかまいません．話し手自身のことなら，「〜のです」で，第三者のことなら「〜のでしょう／のだと思います／のかもしれません」などの形式で，ノダの関連づけ機能を介した情報伝達練習が可能です．学習者の理解を促す 2 つの情報の提示方法（絵，写真，動画，文章など）を工夫してください．

　また，「前置き」はノダによる関連づけが慣習化したものですから，初級段階でも，たとえば，（4）のような依頼を例にした練習が可能です．また，（9）のような話し手の前日の行動，あるいは，翌日の計画などについてノダ文で会話を開始する練習が可能です．聞き手もノダ文で提示された話題について話すのが普通ですので，話し手聞き手双方にノダ文を使う会話練習が可能です．

　一方，「気づき」は環境の変化に気づいたときの話し手の内言あるいは独り言で，高度な文脈が必要です．「決意表明」も「命令・指示」も同様です．また，「言い換え」の練習には語彙表現の拡充が必要です．これらのノダ文の用法は，初級段階での練習が難しく，先に述べたように，中上級以降で取り上げることを勧めます．

　最後に，学習者の誤用と非用について一言添えます．まず，冒頭で触れたノダの非用の例「?どこに行きますか」は，道で出会った知人の行動とその目的地との関連づけを話し手がノダで示さなかったことによる不自然さの現れです．また，ノダ文に関する聞き手の解釈は常に成功するとは限りません．聞き手は話し手の発話意図の理解に成功する場合もしない場合もあります．何らかの理由で適切な理解に至らない場合には，聞き手はノダ文の使用を不

自然だと判断することになります．冒頭の（1）の誤用は，理由を表すカラがノダの関連づけの解釈を阻んでいることにより，背景の事情ではなく，言い訳に聞こえてしまいます．一方，顔色の優れない友人に「?病気なんですか」と問うのは，ノダの関連づけの機能の観点からは正用でも，「あなたが具合が悪いのは顔を見てすぐ分かります」と言ってしまうのと同じで，相手への配慮に欠け，語用論的に不適切になります．

　聞き手に共同注意を促すことが可能かどうか，また聞き手が共同注意の態勢にあったとしても，話し手が主観的に聞き手の内面（私的な行動や体調など）に踏み込むことが可能かどうかは，話し手と聞き手の人間関係や発話の場の属性に依存しますから，ノダによる関連づけは，聞き手に対する配慮や待遇表現に関わる問題を含んでいます．これもノダ文の指導の難しさ，習得の難しさです．

■日本語を分析する２≫「する・なる」と「ことにする・ことになる」

例題 ③

日本語教育の視点から教授項目２「する・なる」と「ことにする・ことになる」に関する会話が示唆することは何でしょうか．以下の例文1）をもとにして，気づいたことを挙げましょう．

〈例文〉
1）バスのアナウンス：次は，○○町です．（ブザー）
　　運転手：?次，止めます．
2）A：（ガシャン！）あ，ごめん．お皿がわれちゃった．
　　B：大丈夫？　けがしなかった？
3）A：（ガシャン！）あ，ごめん．お皿をわっちゃった．
　　B：えー！　あ，でも，しかたないか……．
4）A：?大学院に行くのをやめて，就職することになりました．
　　B：ん？　だれが決めたの？
5）A：あしたから，毎日ジョギングをすることにします．
　　B：またまた……．

例文 1) で気づいたこと……たとえば，運転手のような発話はあまり耳にしないのではないか．それよりも「次，止まります」という発話を聞くことのほうが多いようだ，など．

問題 3

例題 3 の例文 2）～ 5）をもとにして，気づいたことをそれぞれ挙げましょう．

日本語教育の視点で見ると？

　私たちは，ある出来事や事態を，だれが何をしたかという側面で捉えることも，何がどうなったかという側面で捉えることもできます．たとえば，手が滑って皿が床に落ちて粉々になった場合，「皿を割った」ということも，「皿が割れた」ということも可能です．この 2 つの違いは，話し手がどちらの捉え方を選択したかにあります．この違いは，学習者にとって理解しにくいものです．この課のモデル会話の（1）からもそのことが窺えます．

　（1）ファン：そうです．信号機をこわして，電車を止めました．
　　　小島先生：え？　ファンさんが？
　　　ファン：いえ！　わたしじゃないです．原因が分かりません．
　　　小島先生：ああ，じゃあ，信号機がこわれて，電車が止まったんですね．

　このような出来事の話し手の捉え方には，大きく 2 通りあると言われます．1 つは，「個体（もの）」を中心とする把握で，もう 1 つは「出来事全体（こと）」を中心とする把握です．どの言語でも 2 通りの把握が可能ですが，言語によって，基本的にどちらの把握をより好むかに違いがあります．たとえば季節の変化を英語と日本語でどのように表現するか，次の例を見てください．

　（2）Spring has come.
　（3）春になりました．　／春が来ました．

英語は，「春」が「来る」という動きをしたという表現で，「個体」中心の描き方ですが，日本語は，「冬」から「春」への状態変化として描かれます．

英語は「する言語」，日本語は「なる言語」の典型であると言われます（池上 1981, 2011 など）．

　日本語教育では，学習者の母語の把握傾向に留意したうえで，日本語のナル表現志向を指導することが必要です．学習者の母語も日本語同様の把握傾向にあれば比較的楽ですが，特に英語などのスル言語を母語にする学習者には留意が必要です（守屋・池上編著 2009, 近藤・姫野編著 2012, 近藤 2018 など）．

スル動詞とナル動詞——話し手の事態把握の傾向

　日本語では，「個体」中心の把握にはスル動詞が，「出来事全体」の把握にはナル動詞が使われます．スルとナルの違いは，学習者にとって習得が難しい項目の 1 つです．ここでは，日本語でスルとナルの把握の仕方が具体的にどのように現れるか，また，どのような違いがあるか考えます．そして，日本語話者は基本的にどちらの把握の仕方を志向するかを考えます．

　スルとナルが意味的に対をなしている動詞について考えましょう．このような動詞は「有対自他動詞」と呼ばれ，(4) はその例です．ほかの例も考えてください．

> (4) 壊れる／壊す　開く／開ける　閉まる／閉める　つく／つける
> 　　　消える／消す　受かる／受ける　曲がる／曲げる　溶ける／溶かす
> 　　　……

　日本語の対のある自他動詞で，自動詞のナル表現は，たとえ話し手自身が行為者でも，まるでその出来事が自分の働きかけとは無縁に，自然に生じたかのように表現します．一方，他動詞のスル表現は，たとえ言語化されていなくても，ある出来事や変化を誘因した行為者の存在を聞き手に暗示します．次の例を見てください．

> (5)【ワインを開けようとして】あ，開いた．／??あ，開けた！
> (6)【友だちに借りたカメラを乱暴に扱ったら】あ，壊れた．／?あ，壊した！

　(5) と (6) ではナル動詞（自動詞）が好まれます．その理由は，話し手自身はそれぞれ，ワインの栓が取れたこと，カメラが故障したことを目の前に生じた事態の変化として捉え，話し手自身がその事態を生じさせたというように自身の行為を客観視する捉え方をしていないことによります．日本語

話者は，本当は自分が働きかけた（スル）結果生じた事態でも，まるで自分が関与しないところでその事態が起こった（ナル）かのように言語化する傾向があるということです．

しかし，（6）の事実をカメラを貸してくれた友だちに報告する（7a, b）のような場面を考えましょう．

(7)【カメラを貸してくれた友だちに】
　　ごめん．a. ???借りてたカメラ，<u>壊れたんだ</u>．
　　　　　　　[ナル表現→自然発生であることの表明]
　　　　　　b. ??借りてたカメラ，<u>壊したんだ</u>．
　　　　　　　[スル表現→話し手の責任表明]
　　　　　　c. ?借りてたカメラ，<u>壊れちゃったんだ</u>．
　　　　　　　[ナル表現＋話し手の残念さの表明]
　　　　　　d. 借りてたカメラ，<u>壊しちゃったんだ</u>．
　　　　　　　[スル表現＋話し手の残念さの表明]

他動詞を使った（7b）は，行為者としての責任を認めている点で，（7a）より容認度がやや高くなります．（7c）と（7d）は文末に話し手の残念な気持ちや後悔を表すテシマウが付いています．（7c）は自然発生の事態への残念な気持ちの表明になり，（7a）（7b）より容認度が上がります．しかし，このような場面では，話し手が行為者として責任を認めて後悔を表明する（7d）が，待遇的に最も適切な表現となります．

対をなす自他動詞の用法の整理

以上をもとに，対をなす自他動詞の選択について考えましょう．行為者の関与が考えられない場合は，典型的にナル表現（自動詞）が選択されます．たとえば次のような例がそれです．

(8) a. あ，棚から荷物が<u>落ちそう</u>！／*あ，棚から荷物を<u>落としそう</u>．
　　b. あ，ボタンが<u>とれた</u>！／*あ，ボタンを<u>とった</u>．
　　c.【停電で】あ，電気が<u>消えた</u>！／*あ，電気を<u>消した</u>．

だれかの意図や物理的な関与が考えられる事態では，ナル表現（自動詞）とスル表現（他動詞）の選択の可能性が生じますが，たとえば（9）の場合はナル表現が好まれます．

(9)【駅のアナウンス】
　　ご注意ください. ドアが<u>閉まります</u>. ／??ドアを<u>閉めます</u>.

　(9) では，行為者は乗務員なので行為の責任表明をしてもよさそうですが，あたかも乗務員も乗客と同じところから，目の前でドアが開閉するという表現を選択しています. また，次のような事態でも，ナル表現（自動詞）とスル表現（他動詞）の選択が可能ですが，伝わる意味は異なります.

(10)【不注意で骨折して】
　　スキーで転倒して，足の骨が<u>折れたんです</u>／足の骨を<u>折ったんです</u>.
（近藤 2018）

ナル動詞（自動詞）の「骨が折れた」の話者は，いわば自分の身に降りかかった事故の被害者の視点から語っています. 一方，スル動詞（他動詞）の「骨を折った」からは，話者が自分自身の不注意を認めて，いわば加害者の視点から語っています. どちらを選択するかは，話し手の意図次第です. 対をなすナルとスルの選択について，ここまでで分かったことをまとめます（近藤 2018）.

　ナル表現（自動詞）の選択：行為者が特定できない場合や行為者を背景化したい場合に，典型的に選択される. たとえ話し手自身が行為者でも，その出来事が自然に生じたかのように表現することで，自身の存在を背景化し，結果的に話し手も聞き手もその出来事を目撃したかのような，臨場的な伝え方を可能にする.
　スル表現（他動詞）の選択：ある出来事や変化を引き起こした行為者の存在を聞き手に明示する.

　最後に，「～ことになる」と「～ことにする」について考えましょう. これらの表現は，上のナルとスルの分析を拡張して考えることができます.

(11)【留学先が決まったことを知らせる文面に】
　　来年，○○大学に 留学する<u>ことになりました</u>. ／?留学する<u>ことにしました</u>.

このような状況でナル表現が好まれるのは，留学が当事者の意志によるもの

であっても，当事者自身を前面に出さず，当事者を含む周りの状況から当事者の留学という事態が自然に生じたというように表現することで，当事者の直接的な意志表明や責任表明を避け，結果的に待遇的な丁寧さを含意するからです．しかし，次のような場合はどうでしょうか．

(12)【(11)の知らせを受け取った人がそれをだれかに伝える場面で】
　　　○○さん，?留学することになったらしいよ／留学することにしたらしいよ．

(11)の知らせを受け取った人は，その人の留学が周囲の状況から生じた結果ではなく，自らが決定したことであると考えて「ことにする」を選んでいます．ここで「ことになった」を使うと，当事者が留学にあまり積極的ではなく，周囲に押されて仕方なくその事態を受け入れたというようなニュアンスが生じてしまいます．このようなコトニナルとコトニスルの選択は，文脈から推測できます．

(13)父が引退し，実家の家業を 継ぐことになりました／継ぐことにしました．
(14)息子が 留学することになりました／*留学することにしました．
(15)おかげさまで，来週 退院することになりました／*退院することにしました．

(13)は，父親の引退が話し手の進退のきっかけであることを含意したければナルを，話し手自身の決断であることを伝えたければスルを選択します．(14)は，話し手は留学の当事者ではなく，決断は話し手以外の人間であるためナルが選択されます．また(15)も，通常，患者が自分で退院時期を決めることができないためナルが選択されます．このように，コトニナルとコトニスルも先のナル表現とスル表現の使い分けに準じていることが分かります．

日本語教育の実践に向けて
　日本語教育の現場では，対のある自他動詞は，学習者の母語にかかわらず，指導も学習も難しいものの1つです．学習者はそれぞれの語形の違いを学ぶだけでなく，上記の事態の捉え方の違いと使い分けの原理も理解しなくてはなりません．日本語話者がどのような場合にスル表現よりナル表現を好む

かということが明確に学習者に伝わるような文脈を吟味して，学習者の負担が少なくなるような練習を考えてください．

■教材を作成する1 ≫ 初・中級の口頭練習

　この課の教授項目についての理解を踏まえて，初・中級レベルの日本語学習者への「口頭練習」を考えます．学習者の反応を促す刺激（キュー）を使いながら，練習を作成しましょう．

例題 ④

教授項目1「〜んです」（ノダ文）を例として，初・中級の日本語学習者向けの口頭練習を考えます．

1) 「ノダ文の関連づけ機能」，「ノダ文による情報伝達の2つの条件
　　——協調の原理と共同注意」（87 〜 90 頁）の要点を意識できるような練習を作成しましょう．
2) あなたが作った場面と例文を紹介しましょう．

例題 4 の解答例

1) **練習の作成**……話し手自身の行動の背景に関する表現を使う状況を設定したうえで，キューを与える（状況設定の例：友人の様子から何があったか心配です，聞いてください．キューの例（絵カードなど）：泣いている人，眠たそうな人，けがをしている人）．状況を表す絵カードなどを1人の学習者に持たせ，「これはあなたです」と状況を設定し，ほかの学習者に「どうしましたか」「どうしたんですか」と質問させて，応答の活動を行う．
2) **場面と例文の紹介**……提示した状況について，場面や例文の適切さ，自然さの観点から練習作成者同士で（独習の場合は客観的に）評価する．

問題4

教授項目2「する・なる」と「ことにする・ことになる」を例として，初・中級の日本語学習者向けの口頭練習を考えます．

1) 「スル動詞とナル動詞——話し手の事態把握の傾向」，「対をなす
自他動詞の用法の整理」（93〜96頁）の要点を意識できるような
練習を作成しましょう．
2) あなたが作った場面と例文を練習作成者同士で紹介し合いましょ
う．

■教材を作成する２≫ 初・中級のロールプレイ，読解教材，作文課題

　初・中級レベルの日本語学習者に向けて，「ロールプレイ」「読解教材」
「作文課題」を作成します．以下では，次の４つの場面を想定して取り組み
ます．例題ではいずれか１つの場面を用いるので，それを参考にしながら
考えましょう．

①日本語の教員との接触（社会的生活）：日本語のクラスに遅刻した理由
を説明する
②会社での同僚や上司との接触（社会的生活）：会社で，計画通りにプロ
ジェクトが進んでいない状況を説明する
③友だちとの接触（個人の生活）：待ち合わせの約束に遅れた理由を説明
する
④友だちとの接触（個人の生活）：自分の学生時代の経験を語る

例題 ⑤

初・中級の日本語学習者のためのロールプレイを考えます．

1) 場面①「日本語のクラスに遅刻した理由を説明する」のロールカ
ードを作りましょう．
2) 学習者に状況と役割を与え，それにふさわしい会話ができるよう
に促しましょう．

1) **ロールカード**……

カード A
あなたは日本語の先生です．学生が遅れて教室に入ってきますから，遅刻の理由を聞いて，注意してください．

カード B
あなたは留学生です．日本語のクラスに間に合いませんでした．教室に入って，先生の質問に答えて，遅刻したことを謝ってください．

2) **会話の促し**……ロールカードを模擬的に使ってみて，指定された場面と役割に合った自然な会話ができるかといった観点から，練習作成者同士で（独習の場合は客観的に）評価する．

問題 5

場面①〜④のうち，いずれかを選んでロールプレイの練習を考えましょう．

例題 **6**

初・中級の日本語学習者向けの読解教材を考えます．

1) 場面①「日本語のクラスに遅刻した理由を説明する」で求められる Can-do を考えましょう．
2) この場面に即した読解教材を，学習者のレベルに合った語彙，文型，字数の観点から探しましょう．生教材で学習者のレベルと合ったものが見つからないときは，適切な読解教材を参考にして自分で教材を作成します．その際は，教授項目を適切に組み込んでください．
3) ここで作成した読解教材を使って，どのような授業を展開するか考えましょう．

1) **Can-do**……学習者が自身の行動の背景を説明することができるようになる.

2) **読み物の例**……

〈ジャッキーの日本語のクラスの作文〉

日本語で難しいと思うこと

　日本語の勉強を始めて，2年になります．半年前から日本に留学して，毎日，日本語の勉強をしていますが，なかなか上手になりません．日本で日本語の中で生活しているので，聞くことは少し上手になりました．でも，日本語を話すことは難しくて，会話が上手にならない<u>ん</u>です．友だちと話すときと知らない人や目上の人と話すときでは，ことばも話し方も変えなくてはならない<u>ん</u>ですが，それが難しいです．日本人の友だちとは，日本語で話したり，英語で話したりする<u>ん</u>ですが，ホストファミリーの近藤さんとは日本語だけで話して，なるべく英語を使わないことにしました．日本語の新聞や本を読むことはまだ難しいです．日本語でメールや作文を書くこともまだ難しいです．知らない言葉や文法がたくさんある<u>ん</u>です．

　間違いを心配して日本語を使わない友だちがいるんですが，わたしは，ホストファミリーの近藤さんに間違いを直して，自然な話し方を教えてもらうことにしました．また，来週から，チューターのともこさんと，毎週2回，英語と日本語の交換学習を始める<u>こ</u>とになりました．留学がおわるまでに，日本語が上手になりたいと思っています．

---

3) **授業の展開**……1 一緒に読む／2 内容を確認する質問をする（だれが書いたんですか，日本語の勉強はどうですか，何が難しいんですか，どうしてですか，チューターとどんな勉強をするんですか，など）／3 日本語の学習で難しいと思うことを説明し合う

[問題6]

▌場面①〜④のうち，いずれかを選んで読解教材を考えましょう.

例題 **⑦**

　読んだこと，話したことをもとにして，初・中級レベルの日本語学習者向けの作文課題を作ります.

1）場面④「自分の学生時代の経験を語る」を選び，その場面に関連
させた作文課題を考えましょう．
2）書き手，読み手，文章のジャンルや目的，文体などの設定を提示
しましょう．

例題 7 の解答例

1）**作文課題**……場面④に関連させて，「自身の日本語学習経験を書く」とい
う課題
2）**各種の設定要素**……書き手（氏名，年齢，性別，出身地域）／読み手（出身
地域，大学，学年）
文章のジャンルや目的（作文，自分の学習経験を背景の説明とともに表現す
る）／文体（です・ます体），など

問題 7

| 場面①〜④のうち，いずれかを選んで作文課題を考えましょう．

■授業をデザインする≫ **教案づくり**

この課で作成した教材を使って，実際に授業を組み立ててみましょう．

例題 ⑧

授業の枠組みを設定し，教案を作成します．ウェブ上の「教案フォーマ
ット」を活用してください．

1）ここまで作成した教材で，学習者に求められる Can-do を確認し
ましょう．
2）授業形態（人数，学習者情報，教材・教具，教室環境など）を想
定しましょう．
3）口頭練習，ロールプレイ，読解教材，作文課題などの活動をどの
順で展開するか考えましょう．
4）教授項目をどのように導入するか，説明はどのようなことに注意
するかを考えましょう．

5）各活動を行う際，どのような指示を出すかを考えましょう.

例題 8 の解答例
1）Can-do 〜 5）指示……ウェブ上の「第 1 課の教案例」,「第 2 課の教案例」
を参照のこと.

問題 8
場面①〜④のうち，いずれかを選んで教案を作成しましょう.

6 話し手が気づいたり体験したりした 変化の表現

「V-てくる」「V-ていく」をいつ・どう使う？

■授業の準備をする≫ ゴールと教授項目

　あなた自身が気づいたり体験したりした変化について話すとき，「V-てくる」や「V-ていく」を使うことがあります．このような表現を使った例文として，どのようなものが頭に浮かびますか．日本語の初級教科書では，「春になって暖かくなってきました」「社会で働く女性が増えていくでしょう」などのような例文が紹介されます．

　この課では，このような話し手が気づいたり体験したりした変化を話すときに使う表現について，それらが実際に使われる場面を分析しながら，日本語教育にどのように応用するかを考えていきます．まずは，この課のゴールと教授項目を確認しましょう．

> ### ゴール
>
> 話し手が気づいたり体験したりした変化を描写する際の文法について，
> 学習者に適切な理解を促すための授業ができる．

> ### 教授項目
>
> 1 「V-てくる」と「V-ていく」（変化1）
> 2 「なる・する」と「なくなる・なくする」（変化2）
> 3 「Vようになる」と「Vようにする」（変化3）

■日本語を振り返る≫ 設定場面「観光地で話し手が気づいた変化について話す」

　日常生活で上の文法・文型がどのように使われるか，例を通して確かめます．以下のモデル会話は，初・中級レベルを想定したもので，「観光地で話し手が気づいた変化について話す」という場面で作成されています．これを読んで，後の問いに答えましょう．

〈モデル会話──下町見物で〉

【スカイツリーに向かうバスの中で】　　　　　　　　　　　　　　　　　　[1]
アナウンス：次は東京スカイツリー，お降りの方はボタンを押してください．
山本かおる：お父さん，押して．
　山本洋平：はい，はい．
マドレーヌ：あ，見えます！　あれですか．　　　　　　　　　　　　　　[5]
山本かおる：あ，見えてきた，見えてきた．けっこう大きいわね．
（バスを降りる）
　山本洋平：あれ，なんか，この辺，すっきりしてるね．前はごちゃごちゃ
　　　　　　したところだなあと思ったけど．
山本かおる：そういえば電線がない！　　　　　　　　　　　　　　　　　[10]
マドレーヌ：それで空が広いです．
　山本洋平：ほんとだ！　電線がないから，空が大きく見えるようになった
　　　　　　のかあ．
マドレーヌ：これから，電線がない町が，これから増えますか．
　山本洋平：そうだね．増えていくんだろうね．　　　　　　　　　　　　[15]
山本かおる：いいことよね．

【スカイツリーの展望台で】
マドレーヌ：わー，きれい！！
山本かおる：本当に！　きれいねー．天気がいいから，遠くまでよく見える
　　　　　　わね．川もきれい．　　　　　　　　　　　　　　　　　　　[20]
マドレーヌ：でも，スカイツリーは，どうしてここにできたんですか．
山本かおる：あのね，東京タワー，知ってる？
マドレーヌ：あ，はい．行ったことがあります．
山本かおる：東京タワーは，テレビの電波を飛ばすためにあるんだけど．
マドレーヌ：でんぱ？　でんぱって？　　　　　　　　　　　　　　　　　[25]
　山本洋平：電波はね，電気の波．ウェーブだよ．

マドレーヌ：はあ．

山本洋平：東京タワーができたときは，まわりに高い建物が少なくて，東京タワーが一番高かったんだけど，そのあと，どんどん高いビルが建つようになって……． [30]

マドレーヌ：じゃあ，今は届きません．

山本洋平：そうそう．電波が遠くに届かなくなったんだ．

山本かおる：それでね，もっと高い，東京タワーのようなものが必要になったのよね．

マドレーヌ：ふーん．それでスカイツリーができたんですね． [35]

山本かおる：スカイツリーができるっていう話が出たときは，買い物や食事もできる施設も作る話が出て，この辺の，昔からのお店の人たちはお客さんが来なくなるんじゃないかって心配したって聞いたけど．

山本洋平：ああ，そんな話もあったねえ．でも，実際にはスカイツリーの [40] おかげで，観光客が増えてきて，近くの町も前よりにぎやかになったっていう話だよ．

マドレーヌ：ふーん．いい話ですね．あ，おなかすいた……．

山本かおる：あ，どじょうね．お父さん，行きましょう．

例題 ①

モデル会話の中から，教授項目1「V-てくる」と「V-ていく」（変化1）を探し出しましょう．また，初・中級日本語教材として，どのような意図でそれらが配置されているかを考えましょう．

例題1の解答例

教授項目1の出現箇所……6行目「見えてきた，見えてきた」，15行目「増えていくんだろうね」，41行目「観光客が増えてきて，近くの町も前よりにぎやかになったっていう話だよ」

教授項目1の配置の意図……5行目のマドレーヌの「あ，見えます！」との対比を含め，日本語母語話者のセリフに自然な発話を配置して，学習者の気づきを促していると思われる，など．

問題1

モデル会話から，教授項目2「なる・する」と「なくなる・なくする」（変化2），教授項目3「Vようになる」と「Vようにする」（変化3）を

探し出しましょう．例題1を参考にしながら，それぞれの出現箇所，配置の意図をまとめましょう．

■日本語を分析する1≫「V-てくる」と「V-ていく」（変化1）

　先ほどのモデル会話を使って教授項目を授業で扱うとき，日本語教師はどのような点について留意すると思いますか．例題を使って考えていきましょう．

例題 ②

日本語教育の視点から，教授項目1「V-てくる」と「V-ていく」（変化1）に関する会話が示唆することは何でしょうか．以下の例文1）と2）をもとにして，気づいたことを挙げましょう．

　〈例文〉
　1）【走っている車の中から】
　　　Ａ：もう少ししたら，あのあたりに富士山が見えるんだよ．ほら！
　　　Ｂ：あ，ほんとだ．見えてきた，見えてきた！
　2）【マラソンのゴール付近での中継放送で】
　　　解説者：あ，田中選手，ラストスパートですね．
　　　ゲスト：??近づいていった，近づいていった，ゴール！
　3）【子どもの熱を測って】
　　　子ども：37.0度．
　　　お母さん：?だんだん下がったね．
　4）【子どもの熱を測って】
　　　子ども：37.0度．
　　　お母さん：だんだん下がってきたね．
　5）Ａ：ここ数年で忙しくなってきましたね．
　　　Ｂ：会社が成長しているからね．これからもっと仕事が増えていきますよ．

例文 1) で気づいたこと……たとえば，1）と 2）を比べると，1）は移動している話者に対象が近づく描写をしていて自然である，など.

例文 2) で気づいたこと……たとえば，2）は話者の位置がゴール付近に固定しているのに，話者がいるゴールを目指しているはずの走者の動きがゴールから遠ざかる動きの描写になっていて不自然である，など.

問題 2

例題 2 の例文 3）〜 5）をもとにして，気づいたことをそれぞれ挙げましょう.

日本語教育の視点で見ると？

　学習段階が上がっても，「行く」「来る」「していく」「してくる」などの移動動詞の表現が関わる学習者の誤用は少なくありません．もちろん，学習者の母語の移動動詞と日本語のそれの使い分けの相違に由来する誤用もありますが，日本語表現そのものの用法の理解が不十分であることによる誤用が数多く観察されます．たとえば，この課のモデル会話では，次のように学習者の発話に移動動詞を使った変化表現が見られません．ここでは，日本語の移動表現について考えます.

(1) マドレーヌ：あ，見えます！　あれですか.
　　山本かおる：あ，見えてきた，見えてきた．けっこう大きいわね.
(2) マドレーヌ：これから，電線がない町が，これから増えますか.
　　山 本 洋 平：そうだね．増えていくんだろうね.

V–テクルとV–テイクの用法の整理

　移動動詞の「来る」と「行く」を簡単にまとめたうえで，それらを補助動詞として使ったV–テクルとV–テイクについて考えましょう．「来る」と「行く」は，移動を表す最も基本的な動詞です．（3）と（4）を見てください.

(3) A：ちょっと来て！
　　B：今行く.
(4) A：明日の午後の手伝いに来てくれますか.
　　B：はい，午前中に仕事を済ませてから，行きます.

基本的に，（3A）と（4A）の「来る」は，それぞれ話し手Ａの現在地または話し手が視点を置いている地点（明日の午後の居場所）に向かう移動を表し，反対に，（3B）と（4B）の「行く」は，それぞれ話し手Ｂの現在地あるいは話し手が視点を置いている地点（午前中に仕事をする場所）から遠ざかる移動を表します．「来る」と「行く」は，話し手から見た移動の方向を表し，話し手中心の把握あるいは話し手の主観的把握を表す指標です．

　これらを補助動詞とするＶ-テクルとＶ-テイクという形式は，「来る」「行く」をひらがなで表記し，本動詞の基本的な意味を拡張した「行為の方向を表す用法」と「状態変化を表す用法」があります．ここでは，「状態変化を表す用法」について考えます．次の例を見てください（「行為の方向を表す用法」は第７課で扱います）．（5）で，一番危険な感じがするのはどれでしょうか．

（5）挙動不審のあやしい人物が 近づいた／近づい<u>てきた</u>／近づい<u>ていった</u>．

　「近づいた」は「でも，だれに？　どこに？」と聞きたくなります．同様に，「近づいていった」もあやしい人物が徐々に距離を縮めているのは分かりますが，やはり「だれに？　どこに？」と聞きたくなります．それに対して，「近づいてきた」はその人物が話し手に向かって移動していることが分かり，話し手の危険を感じとることができます．この違いは，本動詞の「来る」と「行く」の方向性が，そのまま補助動詞としてのＶ-テクルとＶ-テイクに拡張しているからです．

　では，知覚動詞の「聞こえる」「見える」を使った次の例はどうでしょうか．

（6）小学生の声が 聞こえた／聞こえ<u>てきた</u>／*聞こえ<u>ていった</u>．

（7）スカイツリーが 見えた／見え<u>てきた</u>／*見え<u>ていった</u>．

（6）の「聞こえた」と（7）の「見えた」は，それぞれ聴覚，視覚に変化を感じた瞬間の描写です．一方，「聞こえてきた」と「見えてきた」からは移動する何かを感じます．しかし，（5）のあやしい人物と違って，移動するのは小学生でもスカイツリーでもなく，話し手自身です．（6）は話し手が小学生の声が届くところまで移動したこと，（7）も話し手がスカイツリーが見える位置まで移動したことを表します．このように，日本語話者は，自

身が移動しているにもかかわらず，まるで知覚の対象が自分の位置に向かって移動しているかのように述べる傾向があります．これも話し手の主観的把握の現れで，第1課で考えたように「わたしに」を言う必要がありません．

変化の表現に現れる話し手の事態把握

　変化の把握には，話し手の視点が大きく関与しています．すでに述べたように，日本語母語の話し手は出来事の中に身を置いて，そこから事態を把握する傾向があります．本当は話し手自身が移動している場合でも，あたかも自分自身は一点にとどまり，対象が自分の視点に向かって移動しているように描写するのです．

　日本語母語の話し手は，自身の周囲の状況変化を自分の位置に向かった動き，あるいは自分の考えている時間軸上の一点へ向かった動きと捉えます．(6)(7) から分かるように，小学生の声もスカイツリーの姿も話し手に近づく動きとして捉えるのでV-テクルは使えますが，V-テイクは使えません．次のような例もあります．

(8) あ，雨が 降ってきた／*降っていった．
(9) 本を読んでいたら，眠くなってきた／*眠くなっていった．
(10) 考えたら，かえって 分からなくなってきた／*分からなくなっていった．
(11) 先生の説明を聞いたら，少しずつ 分かってきた／*分かっていった．

　以上のような話し手個人に関わる変化の表現の仕方を拡張すると，(12)～(15) のように，より一般的な変化も表現することができます．「増える／減る」「伸びる／縮む」「上がる／下がる」などの主体変化の自動詞や，「増やす／減らす」「伸ばす／縮める」「上げる／下げる」などの対象を変化させる他動詞が使われます．「だんだん」「徐々に」「次第に」などの副詞とも共起します．

(12) 近頃は，外で遊ぶ子どもが 減ってきた／減っていった．
(13) スマホに依存する若者が 増えてきた／増えていった．
(14) 子どもたちの平均身長が 伸びてきた／伸びていった．
(15) 日本語の先生は，漢字の宿題を少しずつ 増やしてきた／増やしていった．

（12）〜（15）は，V-テクルとV-テイクのどちらも使用可能ですが，その選択には，話し手の視点が関与します．話し手の視点の置きどころについて考えてみましょう．

　（16）a. 11月から1月にかけてインフルエンザの患者がだんだん増えてきた．
　　　　b. 11月から1月にかけてインフルエンザの患者がだんだん増えていった．

（16ab）は同じ期間内の変化の描写ですが，（16a）はV-テクルから話し手の視点が1月にあることが分かります．（16b）はV-テイクから話し手の視点が11月にあることが分かります．ここまでをまとめると次のようなことが言えます．

　　V-テクル：話し手自身の物理的な位置，あるいは話し手が視点を置いた
　　　　　　　地点・時間軸上の地点までの状況変化を表す
　　V-テイク：話し手自身の物理的な位置，あるいは話し手が視点を置いた
　　　　　　　地点・時間軸上の地点以降の状況変化を表す

日本語教育の実践に向けて

　日本語の初級段階では，物理的な移動動詞としての「来る」「行く」「てくる」「ていく」は教授項目になっていますが，話し手の知覚の変化，認識の変化，時間軸上の状態変化についてはあまり取り上げられないようです．初級の段階で，状態変化表現としての，V-テクルとV-テイクの指導も取り入れたいものです．ただ，その指導には，適切な場面設定や文脈が必要になります．話し手個人の認知状況の変化の練習は難しいものですが，視聴覚教材などを活用した練習を考えてください．

　一方，長期的な環境の変化や習慣・制度の変化について情報交換の練習をするためには，時間軸上で語るにふさわしい時間的長さ，たとえば，数日，数週間，数か月，数年などある程度の時間の幅を設定してください．その範囲内で，学習者が視点を置く時点を明確にして，学習者の家族，国・地域の経年変化を語る練習が考えられます．簡単な練習としては，学習者の視点の時点を今日に置いて，「これまで，〜してきました．これからも〜していきます」「今まで，〜してきましたが，これからは，〜していきたいと思います」「これからも〜していってください」などのやりとりが可能です．

■日本語を分析する2≫「なる・する」と「なくなる・なくする」（変化2）

例題 ③

日本語教育の視点から，教授項目2「なる・する」と「なくなる・なく
する」（変化2）に関する会話が示唆することは何でしょうか．以下の
例文1）と2）をもとにして，気づいたことを挙げましょう．

〈例文〉
1）お客さん :?高いな．もうちょっと安くしません？
　　お店の人 : え……．
2）お客さん : 高いな．もうちょっと安くなりません？
　　お店の人 : え……．
3）A : 年を取って，だんだんお酒を飲まなくなりました．
　　B : え，これで？
4）A :?年を取って，だんだんお酒を飲みません．
　　B : ええ，これで？
5）A : インターネットが普及して，新聞が売れなくなった．
　　B : え，でも，お金を払わないと，先を読めなくするサイトも
　　　　ありますね．

例題3の解答例

例文1）2）で気づいたこと……たとえば，2）は自然に聞こえるが，1）はお客
さんとお店の人が協力して値段を下げることを提案しているように聞こえ，
客と店の人のやりとりとしては不自然に思える，など．

問題3

例題3の例文3）〜5）をもとにして，気づいたことをそれぞれ挙げま
しょう．

日本語教育の視点で見ると？

　第5課で考察したナルとスルを使って状態の変化を表すこともできます．

「大きくなる」などの「A-くなる」と「きれいになる／教師になる」などの「N になる」は，日本語教育の初級段階の教授項目で練習も十分に行われるようです．

　しかし，スルを使った「大きくする」「きれいにする」などの「A-くする・N にする」の練習はあまり十分とは言えません．さらに，動詞のナイ形（否定形）を使った「勉強しなくなる」「使わなくなる」，形容詞や動詞のナイ形（否定形）を使った「難しくなくする」「窓を開かなくする」「音を聞こえなくする」などの指導は初級であまり行われないようです．(1) のように，この課のモデル会話にも否定的な変化表現の難しさが現れています．

(1) a. マドレーヌ：じゃあ，今は届きません．
　　　 山本洋平：そうそう．電波が遠くに届かなくなったんだ．
　　 b. 山本かおる：お客さんが来なくなるんじゃないかって心配したって聞いたけど．

ここでは，基本的な変化表現について考察します．

ナル表現とスル表現の用法の整理

　初級で必ず押さえるのは，(2) のようないわばプラス方向の変化表現です．

(2) a. 兄が教師になった．（名詞＋に＋ナル）
　　 b. 子どもは背が高くなった．（イ形容詞-ク＋ナル）
　　 c. 子どもが元気になった．（ナ形容詞＋に＋ナル）

　一方，指導が必ずしも十分と言えないのは，(3) のような変化表現です．

(3) a. 平均結婚年齢が20代じゃなくなった．（名詞＋ジャナク＋ナル）
　　 b. コーヒーを飲んだら，眠くなくなった．（イ形容詞-クナク＋ナル）
　　 c. ゲームが好きじゃなくなった．（ナ形容詞-ジャナク＋ナル）
　　 d. 若者が本を読まなくなった．（動詞-ナク＋ナル）

それぞれ，(3a) 平均結婚年齢が20代から20代以外への変化，(3b) 眠い状態から眠くない状態への変化，(3c) ゲームが好きな状態から好きじゃない状態への変化，(3d) 本を読む状態から読まない状態への変化を表しています．いずれも，ある状態が変化して消滅したというマイナス方向の変化です．

プラス変化でもマイナス変化でも，それらを意図的に起こす場合は，ナル表現ではなくスル表現を使って（4）のように言うことができます．

(4) a. 知人は和室を<u>フローリングにした</u>．（名詞＋に＋スル）
　　 b. エアコンを入れて部屋を<u>涼しくした</u>．（イ形容詞-ク＋スル）
　　 c. 部屋を<u>きれいにした</u>．（ナ形容詞＋に＋スル）
　　 d. 試験問題をあまり<u>難しくなくした</u>．（イ形容詞-クナク＋スル）
　　 e. 応募者の増加を見込んで，採用条件を<u>「大卒」ではなくした</u>．
　　　　（ナ形容詞-ジャナク＋スル）
　　 f. 窓を<u>開かなくした</u>．（動詞-ナク＋スル）

スルは，だれかの意図的な働きかけを表します．（4a〜f）は，だれかが意図的に働きかけて，「部屋がフローリングだ」「部屋が涼しい」「部屋がきれいだ」「試験問題が難しくない」「採用条件を「大卒」ではない」「窓が開かない」という状態変化を生じさせたことを表します．このように，基本的な変化表現は，ナル表現を使って出来事全体の状態変化を示すか，スル表現を使って個体中心の働きかけを示すか，話し手が選択して使い分けます．

ナルとスルと尊敬表現

　ただし，次の例のような敬語は状態変化ではありませんが，ナルとスルが使われます．

(5) 先生は本を<u>お書きになりました</u>．（オ＋動詞語幹＋ニ＋ナル）
(6) <u>お荷物をお持ちしましょう</u>．（オ＋動詞語幹＋スル）

　尊敬表現の（5）は，話題の人物である先生の行為に直接言及せず，あたかもある事態（先生が本を書く）が自然に生じたかのように描写することで，その人物への待遇的な配慮を示すのでしょう．一方，謙譲表現の（6）は，目上の相手に向けた話し手自身の行為（荷物を持つ）を責任のある積極的な働きかけとして表現していると考えられます．敬語については，第11課で扱います．

日本語教育の実践に向けて

　日本語の初級の授業では，（2）のようなナル表現を使った基本的な変化表現の練習はしますが，（3）の否定の形の練習は少ないようです．これは

主として，ナル表現が導入される段階で学習者の習得している語彙や表現が十分ではないことによります．しかし，より複雑な変化表現が導入されるまでに，適切な文脈とともに基本的な解説・練習を補うことを勧めます．

　練習としては，たとえば，学習者の国・地域の経年変化などを取り上げて，昔と今の状態を比べて変化を報告し合うこと，つまり，学習者の国・地域や人々の生活，あるいは学習者自身の習慣などで新しくなったもの／こと，古くなったもの／こと，多くなったもの／こと，少なくなったもの／ことなどについて情報を交換したり，昔はしたけれど今はもうしていない習慣を「〜しなくなった」を使って話し合う活動が考えられます．

　また，スル表現を使った変化の働きかけを表す練習もできるだけ初級段階で取り上げることが望ましいです．練習例としては，客を迎える準備の場面などで，「部屋をきれいにしましょう」「きれいにしてください」「部屋は涼しくしましたか」「飲み物を冷蔵庫に入れて冷たくしましょう」「デザートに砂糖をたくさん入れて甘くしました」など，いろいろ考えられます．学習者の語彙レベルを考えて練習を工夫してください．

■日本語を分析する３≫「Vようになる」と「Vようにする」（変化３）

例題 ④

日本語教育の視点から，教授項目３「Vようになる」と「Vようにする」（変化３）に関する会話が示唆することは何でしょうか．以下の例文1)と2)をもとにして，気づいたことを挙げましょう．

　〈例文〉
　1)【キッチンで】
　　　夫：あれ，これロックがかかってる．鍵，つけたの？
　　　妻：そう．子どもが勝手に入れないようにしたの．やけどするといけないから．
　2)【キッチンで】
　　　夫：あれ，これロックがかかってる．鍵，つけたの？
　　　妻：?そう．子どもが勝手に入れないようになったの．やけどするといけないから．
　3)【パーティの準備で】

　　　　A：この辺を片づけて，みんながいっしょにすわって話せるよ
　　　　　　うにしない？
　　　　B：いいねえ．そうしよう．
　　4）【パーティの準備で】
　　　　A：この辺を片づけて，みんながいっしょにすわって話せるよ
　　　　　　うにならないかな？
　　　　B：いいねえ．そうしよう．
　　5）A：あんまり食べないようになったね．
　　　　B：いえ，食べないようにしているんです！

例題4の解答例

例文1）2）で気づいたこと……たとえば，1）は自然なやりとりに聞こえるが，
2）は妻が意図的に鍵をかけたのに，それが自分のしたことではないかのよ
うに表現していて，不自然に聞こえる，など．

問題4

例題4の例文3）〜5）をもとにして，気づいたことをそれぞれ挙げま
しょう．

日本語教育の視点で見ると？

　「Vようになる」「Vようにする」もナルとスルを使った変化の表現ですが，
習得しにくい形式のようで，この課のモデル会話でも学習者（マドレーヌ）
の発話にはこの形式が現れません．

　（1）a. 山本洋平：ほんとだ！　電線がないから，空が大きく<u>見えるよう</u>
　　　　　　　　　　<u>になった</u>のかあ．
　　　　b. 山本洋平：そのあと，どんどん高いビルが<u>建つようになって</u>……．

　「Vよう」は，「動詞の辞書形＋ヨウ」と「動詞のナイ形＋ヨウ」という
形式で，当該の動詞が意味する事態の状態を表します．ここにもスルとナル
の基本的違いが観察されます．

プラスの状態変化を表すヨウニナルの用法の整理

　まず，ある状態が生じることを表すVヨウニナルの例を見てみましょう．いずれも前に存在しなかった状態が存在するという，プラスへの状態変化を表し，前の状態が含意されます．

(2) 子どもが最近野菜を<u>食べるようになった</u>．
(3) 弟が自転車に<u>乗れるようになった</u>．
(4) 日本語が上手に<u>話せるように</u>なりたい．
(5) 外国人観光客が大勢浅草を<u>訪れるようになった</u>．

マイナスの状態変化を表すナクナルとナイヨウニナルの用法の整理

　一方，前に存在していた何らかの状態が存在しなくなったというマイナスへの変化の描写には，(6)〜(10)のように否定の「ない」を使った「〜なくなる」と「〜ないようになる」が可能です．ただ，(6)〜(9)のような個人の状態変化や一時的な状態変化には，「〜ないようになる」より「〜なくなる」の容認度が高いようです．

(6) 前は高速運転は平気だったけど，最近，怖くて <u>運転できなくなった</u>／<u>?運転できないようになった</u>．
(7) 前は夜コーヒーを飲んでも寝られたけど，この頃，<u>寝られなくなった</u>／<u>?寝られないようになった</u>．
(8) 前は徹夜しても平気だったけど，最近，<u>徹夜ができなくなった</u>／<u>?徹夜ができないようになった</u>．
(9) 停電のため，エレベーターが一時的に <u>使えなくなった</u>／<u>? 使えないようになった</u>．
(10) このあたりは，4階建て以上の建物は <u>建てられなくなった</u>／<u>建てられないようになった</u>．

プラスの状態変化を表すヨウニスルの用法の整理

　では，Vヨウニスルを使った，だれかの意図的な働きかけによる状態変化の例を見ましょう．

(11) この図書館では，だれでも本が<u>借りられるようにした</u>．
(12) 大きな看板をつけて，遠くからでも<u>分かるようにしました</u>．
(13) カーテンを閉めて，外から部屋の中が<u>見えないようにした</u>．

（14）この遊具は，大人が乗っても<u>壊れないようにしました</u>．

（11）〜（14）は，それぞれだれかが働きかけて，結果的にＶヨウが表す「だれでも本が借りられる状態」「遠くからでも分かる状態」「外から部屋が見えない状態」「大人が乗っても壊れない状態」を生じさせたことを表し，スルがだれかの意図を示しています．

マイナスの状態変化を表すナクスルとナイヨウニスルの用法の整理

教授項目 2 で，同じようにマイナスへの状態変化を表すナクスルを見ました．ナクスルとナイヨウニスルの 2 つの表現はどのように違うでしょうか．たとえば，ナクスルを使って（13）を（15）のように言うことが可能です．

（15）カーテンを閉めて，外から部屋の中を<u>見えなくした</u>．

（13）は，「カーテンを閉める」という具体的働きかけで，話し手が「外から見えない」状態を生じさせたという「働きかけとその結果」の関係と解釈できます．一方，（15）は「外から見えない」状態を引き起こすことを目的に「カーテンを閉める」という行為を行ったという「働きかけとその目的」の関係と解釈できます．このことは，目的を表すとされるヨウニを使って，（15）を（16）のように言い換えることが可能なことからも分かります（近藤 2018）．

（16）外から部屋の中が<u>見えないように</u>カーテンを閉めた．

Ｖヨウニ／Ｖナイヨウニは何らかの行為の目的と解釈でき，一般に「〜ように」は目的節と呼ばれます．ほかにも次のような例があります．

（17）みんなに<u>見えるように</u>，大きな字で書いてください．
（18）<u>忘れないように</u>，スマホに予定を書き入れました．

「〜ように」だけではなく「〜ために」も目的節です．「〜ように」「〜ために」の違いは，第 12 課で取り上げます．

日本語教育の実践に向けて

日本語初級の練習には，「なる・する」と同様に，「Ｖようになる」「Ｖよ

うにする」を使って，個人的な生活習慣の変化や生活環境の変化を表す文脈が考えられます．子どもの頃と現在を比べて，Ｖヨウニナルで生活習慣にどのような変化があったか，情報交換するような練習が一般的です．

たとえば，「私は子どもの頃は自転車に乗れなかったんですが，この頃乗れるようになりました」「子どもの頃は母に部屋の掃除をしてもらいましたが，今は自分で片づけるようになりました」「就職して会社の寮に住むようになりました」「最近，日本語を聞いてすぐ分かるようになりました」などがプラスへの変化の表現です．一方，マイナスへの変化としては，「身体によくないので，料理に油や塩をあまり使わなくなりました／使わないようになりました」「前はよく漢字を間違えましたが，この頃，間違えなくなりました／間違えないようになりました」などが表現できます．さらに，個人の生活習慣の変化から，規則や制度の変化へと文脈を広げて，同様の練習が可能です．

また，Ｖヨウニスルの練習では，ある状態を目標に自分の生活習慣を変える努力をするという意志を述べ合う練習が可能です．たとえば，「来週から毎日ジョギングをするようにします」「日本語だけで話すようにしました」「日本語の授業では，英語を使わないようにします」「辞書を使って作文を書くようにしたほうがいいです」などの練習が可能です．さらに，Ｖヨウニシテクダサイを使って，「毎日漢字の練習をするようにしてください」「できるだけ日本語で話すようにしましょう」「授業中はおしゃべりをしないようにしてください」などと，聞き手にある状態を生じさせる・させない努力をすることを助言する練習もできます．学習者のレベルに合わせて，練習の文脈を工夫してください．

■**教材を作成する１≫ 初・中級の口頭練習**

この課の教授項目についての理解を踏まえて，初・中級レベルの日本語学習者への「口頭練習」を考えます．学習者の反応を促す刺激（キュー）を使いながら，練習を作成しましょう．

例題 **5**

教授項目１「Ｖ-てくる」と「Ｖ-ていく」（変化１）を例として，初・中級の日本語学習者向けの口頭練習を考えます．

1）「V-テクルとV-テイクの用法の整理」,「変化の表現に現れる話し
手の事態把握」（107 ～ 110 頁）の要点を意識できるような練習を
作成しましょう.
2）あなたが作った場面と例文を紹介しましょう.

例題 5 の解答例

1）練習の作成……話し手が変化に気づいたり，体験したりしたことを表現す
る状況を設定したうえで，キューを与える（状況設定の例：グラフを使って
説明してください. キューの例：固定電話と携帯電話の普及率の推移を表す
グラフ，人口の推移を表すグラフ）.
2）場面と例文の紹介……提示した状況について，場面や例文の適切さ，自然
さの観点から練習作成者同士で（独習の場合は客観的に）評価する.

問題 5

教授項目 2「なる・する」と「なくなる・なくする」（変化 2）を例とし
て，初・中級の日本語学習者向けの口頭練習を考えます.

1）「ナル表現とスル表現の用法の整理」,「ナルとスルと尊敬表現」
（112 ～ 113 頁）の要点を意識できるような練習を作成しましょう.
2）あなたが作った場面と例文を練習作成者同士で紹介し合いましょ
う.

問題 6

教授項目 3「V ようになる」と「V ようにする」（変化 3）を例として，
初・中級の日本語学習者向けの口頭練習を考えます.

1）「プラスの状態変化を表すヨウニナルの用法の整理」から「マイ
ナスの状態変化を表すナクスルとナイヨウニスルの用法の整理」
まで（116 ～ 117 頁）の要点を意識できるような練習を作成しま
しょう.
2）あなたが作った場面と例文を練習作成者同士で紹介し合いましょ
う.

■教材を作成する2 ≫ 初・中級のロールプレイ，読解教材，作文課題

　初・中級レベルの日本語学習者に向けて，「ロールプレイ」「読解教材」「作文課題」を作成します．以下では，次の4つの場面を想定して取り組みます．例題ではいずれか1つの場面を用いるので，それを参考にしながら考えましょう．

① 日本事情の授業（社会的生活）：日本事情のクラスで，日本や自分の国・地域の変化について説明する
② 会社で顧客との接触（社会的生活）：会社で商品開発の背景として，顧客のニーズの変化について説明する
③ 近しい日本人との接触（個人の生活）：知っている町の変化について話し合う（友だちと・ホストファミリーと）
④ 友だちとの接触（個人の生活）：自分の生活や習慣の変化について話し合う

例題 ⑥

初・中級の日本語学習者のためのロールプレイを考えます．

1）場面③「知っている町の変化について話し合う（友だちと・ホストファミリーと）」のロールカードを作りましょう．
2）学習者に状況と役割を与え，それらにふさわしい会話ができるように促しましょう．

例題6の解答例

1）ロールカード……

カードA
あなたはBさんの友だちです．昔からよく知っている町をBさんに案内して，町の変化について説明してください．

カードB
あなたはAさんの友だちです．Aさんがよく知っている町に案内してくれました．感想を言ったり，質問したりしながら，その町のことを理解してください．

2) 会話の促し……ロールカードを模擬的に使ってみて，指定された場面と役割に合った自然な会話ができるかといった観点から，練習作成者同士で（独習の場合は客観的に）評価する．

問題 7

場面①〜④のうち，いずれかを選んでロールプレイの練習を考えましょう．

例題 **7**

初・中級の日本語学習者向けの読解教材を考えます．

1) 場面③「知っている町の変化について話し合う（友だちと・ホストファミリーと）」で求められる Can-do を考えましょう．
2) この場面に即した読解教材を，学習者のレベルに合った語彙，文型，字数の観点から探しましょう．生教材で学習者のレベルと合ったものが見つからないときは，適切な読解教材を参考にして自分で教材を作成します．その際は，教授項目を適切に組み込んでください．
3) ここで作成した読解教材を使って，どのような授業を展開するか考えましょう．

例題 7 の解答例

1) **Can-do**……学習者が気づいた周囲の環境や状況の変化について，表現することができるようになる．

2) **読み物の例**……

〈マドレーヌの日本語のクラスの作文〉

観光地と町の発展

　週末，ホストファミリーといっしょに，スカイツリーと浅草寺に行きました．浅草寺は日本の昔のふんいきを感じることができますが，スカイツリーは新しくて，現代的な電波塔です．どうしてスカイツリーができたかを山本さんに聞きました．山本さんは，東京の電波塔は，前は東京タワーでしたが，高い建物がたく

さん建つようになって，電波が届かなくなったからだと説明してくれました．新しいスカイツリーは 634 m もあります．

　スカイツリーができるという話が出たとき，買い物や食事もできる施設を作る話も出たので，昔からのお店の人たちはお客さんが来なくなるのではないかと心配した人が多かったという話も聞きました．でも，実際にはスカイツリーのおかげで，観光客が増えてきて，近くの町も前よりにぎやかになりました．山本さんは，町の電柱や電線がなくなって，空が大きく見えるようになったと言っていました．

　わたしの国にはエッフェル塔がありますが，エッフェル塔ができたとき，パリの町のふんいきに合わないと反対した人もおおぜいいました．でも今は，エッフェル塔は人気の観光地です．

　日本のスカイツリーも人気が出て，スカイツリーができて町の景気もよくなってきて，よかったと思いました．観光地はスカイツリーやエッフェル塔の例のように発展していってほしいと思います．

3) 授業の展開……1 一緒に読む／2 内容を確認する質問をする（だれが書きましたか，何について書いていますか，スカイツリーができる前と後でどのような変化がありましたか，自分の国とどのように比較していますか，最終的にどのような意見を持つようになりましたか，など）／3 変化について説明したり意見を述べたりするときの構成を確認する．学習者の国・地域の町の変化など話し合う．

| 問題 8 |

場面①〜④のうち，いずれかを選んで読解教材を考えましょう．

例題 ⑧

読んだこと，話したことをもとにして，初・中級の日本語学習者向けの作文課題を作ります．

　1）場面③「知っている町の変化について話し合う（友だちと・ホストファミリーと）」に関連させた作文課題を考えましょう．
　2）書き手，読み手，文章のジャンルや目的，文体などの設定を提示しましょう．

1) **作文課題**……場面③に関連させて,「知っている町の変化について書く」という課題

2) **各種の設定要素**……書き手（氏名，年齢，性別，出身地域）／読み手（出身地域，大学，学年）／文章のジャンルや目的（ブログ，知っている環境や周囲の変化を説明する）／文体（です・ます体），など

問題 9

| 場面①〜④のうち，いずれかを選んで作文課題を考えましょう.

■授業をデザインする≫ **教案づくり**

この課で作成した教材を使って，実際に授業を組み立ててみましょう.

例題 ⑨

授業の枠組みを設定し，教案を作成します. ウェブ上の「教案フォーマット」を活用してください.

1) ここまで作成した教材で，学習者に求められる Can-do を確認しましょう.
2) 授業形態（人数，学習者情報，教材・教具，教室環境など）を想定しましょう.
3) 口頭練習，ロールプレイ，読解教材，作文課題などの活動をどの順で展開するか考えましょう.
4) 教授項目をどのように導入するか，説明はどのようなことに注意するかを考えましょう.
5) 各活動を行う際，どのような指示を出すかを考えましょう.

1) **Can-do 〜 5) 指示**……ウェブ上の「第 1 課の教案例」,「第 2 課の教案例」を参照のこと.

┃場面①〜④のうち，いずれかを選んで教案を作成しましょう．

⑦ 経験した出来事の描写の表現

こそあ（文脈指示）／「V-てくる」と「V-てくれる」
（話し手の指標）をいつ・どう使う？

■授業の準備をする≫ ゴールと教授項目

　あなたが経験した出来事を描写するとき，物事を指し示したり，関係を明確に伝えたりするために，いわゆる「こそあ」（文脈指示）を使うことがあります．このような表現を使った例文として，どのようなものが浮かびますか．日本語の初級教科書では，「ここ」「その本」「あの建物」などのように会話の場の何かを指し示す例文が紹介されます．また，「雨が降ってきた」「鳥が飛んでいった」などのように，話し手が知覚した事物の動きを示す表現を使うことがあります．

　この課では，話し手が経験した出来事について事物を指示して描写したり，何かの動きを自分の立場から描写するときに使う表現について，それらが実際に使われる場面を分析しながら，日本語教育にどのように応用するかを考えていきます．まずはこの課のゴールと教授項目を確認しましょう．

ゴール》

話し手が経験した出来事について，事物を指示して描写したり，話し手が知覚した動きとして描写する際の文法を学習者に提示し，その適切な理解を促すための授業ができる．

教授項目

1　こそあ（文脈指示）
2　「V-てくる」と「V-てくれる」（話し手の指標）

■日本語を振り返る≫ 設定場面「ホームステイ先で一緒に出かけるプランを話し合う」

　日常生活で上の文法・文型がどのように使われるか，例を通して確かめます．以下のモデル会話は，初・中級レベルを想定したもので，「ホームステイ先で一緒に出かけるプランを話し合う」という場面で作成されています．これを読んで，後の問いに答えましょう．

〈モデル会話——ホームステイ先で〉

マドレーヌ：この間，大学で，浅草のことをみんなに話しました．みんなも　　[1]
　　　　　　行きたいって．

　山本洋平：あ，そう．それはよかった．

マドレーヌ：後で，友だちがどじょうの店の名前を聞きました．

　山本洋平：ん？　どういうこと．　　　　　　　　　　　　　　　　　　　[5]

山本かおる：洋平さん，友だちがマドさんに聞いてきたんでしょう．

　山本洋平：ああ，そうか．

山本かおる：そうよ．浅草はわたしも久しぶりに行ったけど，けっこう良か
　　　　　　ったわね．

　山本洋平：そうだな．特にあそこ．あれは初めて行ったけど，予想以上に　[10]
　　　　　　よかったなあ．

マドレーヌ：？？

山本かおる：そうね．わたしもあそこは初めてだったけど，よかったわ．東
　　　　　　京の町ってこんな感じなのかあって思ったわ．お天気もよかっ
　　　　　　たから，遠くまで見えたし．あそこ，なんて名前だったか……．[15]

マドレーヌ：……．あ，もしかして，東京スカイツリーのことですか．

山本かおる：そうそう，スカイツリー，スカイツリー．最近名前が出てこな
　　　　　　くって．

マドレーヌ：スカイツリーですね．わたしも楽しかったです．江戸の伝統的
　　　　　　な芸術の紹介もたくさんありました．　　　　　　　　　　　　[20]

山本かおる：そうね．あそこもよかったわね．

　山本洋平：また秋ごろ，みんなで出かけてもいいねえ．

山本かおる：いいわね．秋なら，紅葉がきれいなところがいいんじゃない？

　山本洋平：そうだな……．日光とか，どうかな．

山本かおる：あ，いいと思う．　　　　　　　　　　　　　　　　　　　　　[25]

マドレーヌ：あそこがいいです．

山本かおる：あ，マドさん，日光は行ったことがあるんですね．じゃあ，ち

　　　　　　がうとこが……．

マドレーヌ：いえ，まだ行ったことがないんです．

山本かおる：あ，そうなのね．じゃあ，そこにする？　　　　　　　　　　　[30]

マドレーヌ：そこ？　あそこ？

山本かおる：そうそう．日光ね．

マドレーヌ：日光ってどこにありますか．

山本かおる：あ，場所ね．洋平さん，ちょっとあれ持ってきて．

　山本洋平：はいよ．【地図を渡す】　　　　　　　　　　　　　　　　　　[35]

山本かおる：ありがとう．

マドレーヌ：すごい．あれって言っただけで，地図持ってきてくれるなんて，
　　　　　　すごいですよね．

山本かおる：夫婦ですから（笑）．もう 30 年？　お互いが考えていること
　　　　　　はだいたいなんでもわかるのよ．【地図を見せて】いい？　日　　[40]
　　　　　　光は栃木県にあります．ここは，秋は紅葉がきれいで，とて
　　　　　　も人気があるのよ．温泉もあるし．

マドレーヌ：わあ，行ってみたいです．

　山本洋平：日光か，なつかしいな．あそこもよかったな．

山本かおる：あそこってどこ？　滝？　　　　　　　　　　　　　　　　　　[45]

　山本洋平：あ，滝もあったね．でも今思い出したのはそこじゃなくて……．

山本かおる：日光東照宮？

　山本洋平：あー，東照宮もよかったね．でも，そこじゃなくて……．

山本かおる：もー，洋平さん！　どこ？？

例題 ❶

モデル会話の中から，教授項目 1「こそあ」（文脈指示）を探し出しま
しょう．また，初・中級日本語教材として，どのような意図でそれらが
配置されているかを考えましょう．

例題 1 の解答例

教授項目 1 の出現箇所……1 行目「この間，大学で，浅草のことをみんなに話
しました」，3 行目「それはよかった」，10 行目「特にあそこ．あれは初め
て行ったけど，予想以上によかったなあ」，13 行目「わたしもあそこは初め
てだったけど，よかったわ」，15 行目「あそこ，なんて名前だったか……」，
21 行目「あそこもよかったわね」，26 行目「あそこがいいです」，30 行目
「そこにする？」，34 行目「ちょっとあれ持ってきて」，44 行目「あそこも

よかったな」，46 行目「でも 今思い出したのはそこじゃなくて……」，48 行目「でも，そこじゃなくて……」

教授項目 1 の配置の意図……1 行目のマドレーヌのセリフは初級学習者の発話によく見られる例で，学習者に注意を喚起するという意図で配置されていると考えられる．そのほかは，日本語話者の自然な発話を配置している，など．

問題 1

モデル会話から，教授項目 2「V-てくる」と「V-てくれる」（話し手の指標）を探し出しましょう．例題 1 を参考にしながら，その出現箇所，配置の意図をまとめましょう．

■日本語を分析する 1 ≫ こそあ（文脈指示）

先ほどのモデル会話を使って教授項目を授業で扱うとき，日本語教師はどのような点について留意すると思いますか．例題を使って考えていきましょう．

例題 ②

日本語教育の視点から，教授項目 1「こそあ」（文脈指示）に関する会話が示唆することは何でしょうか．以下の例文 1）をもとにして，気づいたことを挙げましょう．

〈例文〉

1）A：?今度友だちを家に連れてきてもいいですか．あの人，日本語が話せますから．

 B：え？　だれ？　私，会ったことあったっけ？

2）A：日本語概論，受けたことある？　難しくて．

 B：え？　その授業，知らない．Cさん，分かる？

 C：分かる，分かる．1 年のときに受けた．あの授業，大変だよ．

3）A：昨日，小林さんと話したんだけど．

 B：小林さん？　だれ，その人？

4）A：昨日，小林さんと話したんだけど．

 B：?え？　あの人，だれですか．

```
    A：え？　あの人って，どれ？　どこの人？
    B：え……．
 5）A：ねえ，あれ，とって．
    B：え，いいよ．はい．
    A：やだ，これじゃない．そこのあれ．
    B：え？　どこのどれ？
```

例題 2 の解答例

例文 1）で気づいたこと……たとえば，A のセリフは日本語学習者にときどき見られる発話で，日本語母語話者なら，「その人」「○○さん」などと発話することが多い，など．

問題 2

例題 2 の例文 2）〜 5）をもとにして，気づいたことをそれぞれ挙げましょう．

日本語教育の視点で見ると？

　現場指示のコソアは，初級日本語教育の非常に早い段階で導入されますが，いわゆる文脈指示用法については，教授項目として系統立てて指導されることが少なく，中級以降の学習者のコソアの誤用の原因となっています．（1）のように，この課のモデル会話でも，学習者（マドレーヌ）には文脈指示のコソアの未習が窺われます．ここでは，日本語の指示語であるコソアについて考えます．

　（1）山 本 洋 平：そうだな……．日光とか，どうかな．
　　　　山本かおる：あ，いいと思う．
　　　　マドレーヌ：あそこがいいです．
　　　　山本かおる：あ，マドさん，日光は行ったことがあるんですね．じゃあ，ちがうとこが……．
　　　　マドレーヌ：いえ，まだ行ったことがないんです．
　　　　山本かおる：あ，そうなのね．じゃあ，そこにする？

コソアとは

　指示語のコソアは，表1のような体系をなす語群を指します．また，ド
で始まる語は指示対象が分からないときの表現です．以下，コソアについて
論じます．

表1　コソアドの体系（近藤 2008 から）

品詞	指示語			疑問語
	コ系統	ソ系統	ア系統	ド系統
名詞（モノ）	コレ	ソレ	アレ	ドレ
（場所）	ココ	ソコ	アソコ	ドコ
（ヒト）	コイツ	ソイツ	アイツ	ドイツ
（方向）	コチラ， コッチ	ソチラ， ソッチ	アチラ， アッチ	ドチラ， ドッチ
連体詞（モノ）	コノ	ソノ	アノ	ドノ
（状態）	コンナ	ソンナ	アンナ	ドンナ
副詞	コウ	ソウ	アア	ドウ

　コソアには，話の現場（イマ・ココ）の要素を聞き手との関係で位置づけ
る「現場指示」の用法と，文脈中に現れた話題の要素を指し示す「文脈指
示」の用法があります．たとえば「これ，何ですか」「あれを見てください」
の「これ」「あれ」は現場指示の例で，「この間のあの話，どうなりました
か」や「昨日田中さんに会いましたよ」「えっと，その人，どなたでしたっ
け」の「あの話」「その人」は文脈指示の例です．どちらも基本的には，話
し手と聞き手の物理的および心理的な領域または「情報の縄張り」の概念に
基づいて決まります．

　初級の早い段階で導入され，学習・練習するのはコソアの現場指示の用法
です．教室や実際の場など，会話参加者が共同注意にあることを前提に，そ
の場にある物を，ときに指さし動作を伴って指示する用法です．一方，文脈
指示の用法は，中級以降の項目として位置づけられているとも言い難く，学
習者の自然習得に負うところが多いようで，文脈指示のコソアの誤用がたび
たび観察されます．以下，現場指示の用法を簡単に押さえた後で，文脈指示
の用法に焦点を当てます．

コソアの現場指示用法の整理

　現場指示の場合，話し手の話の現場の捉え方が2通りあります．まず，1
つは，聞き手の領域を物理的にも心理的にも自身の領域と対立させて捉える

場合で「対立型」と呼ばれます．もう１つは，聞き手の領域を自身の領域と
対立させず，むしろ一体化させて捉える場合で「融合型」と呼ばれます．一
般に（2）のように図式化されます．それでは，例を見ながら考えましょう．

(2)

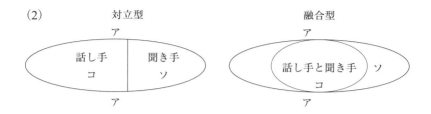

(3)【聞き手のそばにある教科書を見て】
　　　A：それ（＝その教科書），君の？
　　　B：ああ，これ？　うん．
　　　A：じゃあ，あれ（＝あの教科書）は？
　　　B：あれ？　さあ……．誰か忘れたんだね．

　（3）では，ＡもＢも会話のイマ・ココで共同注意の状態にいます．対立
型の場合，基本的には，自分の縄張りに属すると判断するモノ・コトはコ系
で指し，相手の縄張りに属すると判断するモノ・コトはソ系で指します．ま
た，話し手と聞き手の領域の外にあるモノは，ア系で指示します．（3）は
その例です．
　また，融合型の場合，話し手と聞き手が一体となった「私たち」として，
その縄張りの中にあるモノ・コトはコ系で，外にあるもの・ことはア系で指
します．融合型の場合は，話し手と聞き手は一体化されるので，２人の領域
の区別はなく，その典型はコとアの対立です．（4）がその例です．

(4) A：ここ，寒いね．
　　　B：ほんと．この部屋，エアコンないのかな．
　　　A：あ，あそこにスイッチがある！
　　　B：あんなところじゃ，気がつかないよね．

　ただし，融合型の場合にソ系を使うことがあります．話し手の領域と聞き
手の領域が一体化して区別がなくても，その融合した領域の外だとまでは言
えない程度の近距離にあるモノを指示するときに使われます．たとえば，

（5）と（6）がその例です．（5）はAとBが2人で品物を選んでいる状況，
（6）は運転者が運転席に，同乗者が助手席にいて，駐車スポットを探して
いる状況ですが，いずれも2人からそんなに遠くない場所が話し手と聞き
手双方からソで指示されます．ただし，融合型のソ系は使用が限られている
ようです．

- （5）【デパートの売り場で】
  A：ねえ，<u>これ</u>なんか，どう？
  B：<u>これ</u>ねえ？　悪くないけど，<u>それ</u>は？
  A：ああ，<u>それ</u>もよさそうね．
- （6）【駐車場で】
  運転者：<u>どこ</u>に止める？
  同乗者：<u>そこ</u>にしよう．

　コソアの現場指示の用法の基本は以上です．日本語教育の初級段階では，
対立型の導入と練習は十分なされるようですが．融合型の指導と練習は十分
とは言えないようです．

コソアの文脈指示用法の整理

　コソアの文脈指示の用法に移りましょう．「文脈」といっても，書き言葉
だけを指すのではありません．話し言葉で，会話のイマ・ココにないもの・
ことを話題にすることがあります．そのような場合も含めて，文脈と言いま
す．ここでは，会話に現れるコソアの文脈指示を考えます．学習者には次の
ような誤用が見られます．

- （7）学　習　者：国の友だちが来月，日本に来るんです．
  　　母語話者：よかったですね．
  　　学　習　者：はい．<u>あの人</u>，日本は初めてなんです．
  　　母語話者：そう？（<u>あの人</u>って，誰だろう）
- （8）学　習　者：昨日，新しいショッピングモールに行って来ました．
  　　母語話者：そう．どうでしたか？
  　　学　習　者：<u>あそこ</u>はお店も食べるところも多くて，楽しかったです．
  　　母語話者：え，<u>あそこ</u>？　よかったですね．（でも，私は知らない）

（7）も（8）も，学習者がソ形を使うべきところにア形を使っていることが

母語話者の違和感の原因です．文脈指示では，(7')のように，どちらか一方しか知り得ない情報の場合はソ系を使い，(8')のように，話し手と聞き手が共有している知識を指すときにはア系を使わなくてはなりません．

(7') 学 習 者：国の友だちが来月，日本に来るんです．
　　　母語話者：そうですか．よかったですね．
　　　学 習 者：はい．<u>その人</u>，日本は初めてなんです．
　　　母語話者：そう．
(8') 学 習 者：昨日，新しくできたショッピングモールに行ってみました．
　　　母語話者：ああ，私も行きました．<u>あそこ</u>，なかなかいいですよね．
　　　学 習 者：ええ．<u>あそこ</u>で買い物して，食事もしてきました．
　　　母語話者：そうですか．

(7')では，母語話者は学習者の友人を知らないのでソ系の「その人」を使います．たとえば英語では，会話の文脈に一度導入された情報は会話参加者双方の共有情報となり，that で指し示すことができますが，日本語では，話し手と聞き手の共有情報は伝聞ではなく，直接経験に基づくような情報でなくてはア系は使えません．(8')のショッピングモールは2人の共有情報なので，ア系の「あそこ」を使います．この課のモデル会話にも，このア系の用法が出ています．

(9) 山本かおる：洋平さん，ちょっと<u>あれ</u>持ってきて．
　　山 本 洋 平：はいよ．【地図を渡す】
　　山本かおる：ありがとう．
　　マドレーヌ：すごい．<u>あれ</u>って言っただけで，地図持ってきてくれるなんて，すごいですよね．

話し手にとって経験済みではないモノやコトは，(10)のように，「〜という」を使って言及します．

(10) A：『君の名は．』っていうアニメ映画，知ってる？
　　　B：うん，観た．<u>あれ</u>は面白かった．
　　　A：<u>その映画</u>を観た人はみんな面白いって言うんだ．
　　　B：うん．<u>あれ</u>は，観なくちゃ損．

（10）では，Ａは話題にする未知情報を「～というＮ」で導入し，ソ系を使いますが，Ｂはすでに観て体験しているのでア系で応答します．ＡとＢの間に情報のギャップがあることが「～という」とア系の語の使用で明示的に示されます．

　ア系は会話参加者の共有の情報を指すときに使われるのですが，基本的には話し手の頭の中のイメージを指すので，ときにこの課の次のモデル会話に見られるような指示違いによるミスコミュニケーションが起こります．

（11）山 本 洋 平：日光か，なつかしいな．あそこもよかったな．
　　　山本かおる：あそこってどこ？　滝？
　　　山 本 洋 平：あ，滝もあったね．でも今思い出したのはそこじゃなくて……．
　　　山本かおる：日光東照宮？
　　　山 本 洋 平：あー，東照宮もよかったね．でも，そこじゃなくて……．
　　　山本かおる：もー，洋平さん！　どこ？

　このように，コソア語の文脈指示の用法は現場指示の用法と異なります．文脈指示の用法の指導の基本は，会話参加者間で直接体験に基づいた共有情報のみがア系の指示対象になるという点です．共有情報でなければ，ソ系あるいは「～というＮ」を使わなければなりません．

日本語教育の実践に向けて

　日本語の指示語の使い方が，学習者の母語のそれと異なる場合があることに注意してください．前述のように，英語を母語にする学習者の場合は，一度会話に登場させた情報は既知となりア系で指し示すことができると考えてしまう学習者もいますので，日本語と学習者の母語で共有情報の示し方に異同があることに学習者の注意を喚起してください．

　会話での文脈指示の用法の練習としては，共有情報のギャップが明確になるような文脈を用意してください．ギャップが存在する場合は，たとえば，学習者Ａがソ系を使って，学習者Ｂが知らない出身地の生活習慣や食習慣を説明するような練習ができます．また，ギャップが存在しない場合は，学習者ＡとＢが共に体験した出来事を振り返って，ア系で語り合うような練習が可能です．

　書き言葉である文章中の指示語の用法の詳述はしませんが，文章では，書き手と読み手の縄張りが明らかでないため，基本的にはソ系を中立的に使い

ます．また，現場指示の用法や，会話での文脈指示の用法と異なり，文章で
の指示対象は具体的なもの・ことではなく，それらを表す語彙を指す，いわ
ゆる照応関係の指示になり，専らソ系が使われます．しかし，コ系が使われ
ないわけではなく，そこが難しい点です．また，文学的な効果を狙って，あ
えて書き手しか知らない情報をア系を使って，情報の縄張りの点で中立的な
書き言葉に導入することもあります．会話でのコソアとは使い方が異なりま
すので，文章中のコソアは，別途，書くことの指導で段階的に導入・練習す
る必要があります．

■日本語を分析する２≫「V-てくる」と「V-てくれる」（話し手の指標）

例題 ③

日本語教育の視点から，教授項目２「V-てくる」と「V-てくれる」（話
し手の指標）に関する会話が示唆することは何でしょうか．下の例文 1）
と 2）をもとにして，気づいたことを挙げましょう．

〈例文〉
1) A：?もう，いやになっちゃう．毎日，電話するから．
　　B：ええ，だれがだれに電話してるの？
　　A：もー，Ｃさんが私に．毎日電話するの．しつこい！
2) A：お母さん，さっき，佐藤さんっていう人から電話がかかっ
　　　　てきたよ．
　　B：あら，そう．またかかってくるわね．ありがとう．
3) A：?Ｃ先生は本当にいい先生ですよ．分からないときはいつも
　　　　よく説明した．
　　B：え？　だれが分からないときに，だれに説明したの？
　　A：先生が私によく説明した．もちろん．
4) A：うちに来ている家庭教師のＣさん，とってもいいのよ．勉
　　　　強だけでなく，子どもの悩みも聞いてくれるのよ．
　　B：ふーん．いいねえ．
5) A：私が病気のとき，電話をかけてきてくれてありがとう．電
　　　　話のあと，くだものとか薬とか持ってきてくれたの，本当
　　　　に助かったんだよ．

　　　　Ｂ：たいしたことないよ．ひまだったしさ．

例題3の解答例

例文1)で気づいたこと……たとえば，Ａの発話を聞いたＢは，だれが電話を受けたかが分からないようだ，など．

例文2)で気づいたこと……たとえば，だれが電話を受けたかについて，ＡとＢの間で了解がとれている，など．

問題3

　例題3の例文3)～5)をもとにして，気づいたことをそれぞれ挙げましょう．

日本語教育の視点で見ると？

　ある行為がだれ／どこに向かってなされたかを示す標識があります．たとえば，目標・目的を表す助詞のニ，方向を表す助詞のへ，限界を表すマデ，また「～にとって」「～のために」などがそれですが，ここでは，とりわけ話し手に向けられた行為を示す形式を2つ取り上げます．1つは，移動動詞の「くる」を使ったV-テクルです．第6課では「状態変化の用法」について考えましたが，この課では「働きかけの方向を話し手の視点に向ける用法」を扱います．また，もう1つは，授受動詞を使ったV-テクレルです．この課のモデル会話にも，次のような発話があります．

　(1)　マドレーヌ：後で，友だちがどじょうの店の名前を聞きました．
　　　　山 本 洋 平：ん？　どういうこと．
　　　　山本かおる：洋平さん，友だちがマドさんに<u>聞いてきた</u>んでしょう．
　　　　山 本 洋 平：ああ，そうか．
　(2)　マドレーヌ：すごい．あれって言っただけで，<u>地図持ってきてくれ</u>
　　　　　　　　　　<u>る</u>なんて，すごいですよね．

しかし，この2つの形式の習得はなかなか難しく，しばしば次のような誤用が見られ，母語話者が学習者の発話の理解に戸惑っていることが分かります．

　(3)　学 習 者：出かけるときに，妹が<u>電話しました</u>．

母語話者：妹さんがだれに？

　　学 習 者：だれって，私に．

　　母語話者：あ，ああ．

（4）母語話者：何かいいことがあったんですか．嬉しそうですね．

　　学 習 者：ええ．昨日，友だちが誕生日プレゼントを<u>送りました</u>．

　　母語話者：ええ，だれに？

　　学 習 者：もちろん私に．

　　母語話者：えっ，ああ．どんなプレゼントでしたか．

スルとテクルの用法の整理

　第 6 課の教授項目 1 で V-テクルと V-テイクの状態変化を表す用法を取り上げましたが，その理解の重要なポイントは，話し手の事態の捉え方と話し手の視点でした．同様に，ここで考える V-テクルの働きかけの方向性の理解にも，話し手の事態の捉え方と視点が関わっています．（3）と（4）で，母語話者を戸惑わせているのは何でしょうか．

　（3）の「電話する」は「だれかがだれかに電話する」，（4）の「プレゼントを送る」も「だれかがだれかにプレゼントを送る」という意味で，どちらの動詞の意味構造も「行為者が行為の相手にどうする」です．一見，（3）では行為の相手が言及されていないことが戸惑いの原因のようですが，（4）では行為者も行為の相手も言及されているにもかかわらず，母語話者の理解が妨げられています．

　母語話者の理解を妨げているのは，「電話する」「送る」などの動詞が基本的に意味する行為の方向性です．たとえば（3）の「電話する」と（4）の「送る」は，行為者から遠ざかる方向に音やプレゼントが移動すると考えると分かりやすいでしょう．このような動詞は基本的に行為者あるいは文の主語の視点から遠ざかる動き，いわば遠心的な動きを含意します．（3）と（4）の不自然さは，（3）では電話の音が行為者（妹）から遠ざかる動きを表し，（4）ではプレゼントの移動が行為者（友だち）から遠ざかる動きを表しますが，問題はどちらも学習者が意図した話し手（＝私）が受け手であることが示されていないことです．

　第 6 課の V-テクルと V-テイクの項目で見たように，日本語は，話し手の視点，話し手の事態の捉え方が重要な言語です．話し手が行為の受け手として関与する事態であることを表すには，行為者から遠ざかる動きの方向を行為の受け手である話し手（＝私＝学習者）へと，いわば求心的に方向転換をさせなければなりません．その方法の 1 つは（5）(6)のように V-テクルを

使うことです.

(5) 出かけるときに，妹が<u>電話してきた</u>.
(6) 授業のあとで，学生がいろいろ<u>質問してきた</u>.

「電話する・電話をかける」「質問する」だけでなく，「送る」「手紙を書く」「話しかける」「聞く」「言う」「連絡する」など，多くの動詞が表す行為には行為者から遠ざかる方向性が含意されます．話し手（＝私）が受け手である次のような例も，「V-てくる」を使うことで不自然さが解消されます.

(7)?友だちが私に手紙を書きました.
　　⇒友だちが<u>手紙を書いてきました</u>.
(8)?知らない人が私に話しかけました.
　　⇒知らない人が<u>話しかけてきました</u>.
(9)?外国人が私に道を聞きました.
　　⇒外国人が<u>道を聞いてきました</u>.

　V-テクルは日本語母語話者の話し手による主観的な事態把握の表現手段で，行為の方向を話し手に向かう方向に変える機能を果たしていますから，当然ながら「私に」と言う必要はありません．では，話し手が関わらない第三者間の事態ではどうでしょうか．次の例を見てください.

(10) a. 山田さんが田中さんに<u>手紙を書いた</u>.
　　 b. 妹が田中さんに<u>手紙を書いた</u>.
　　 c. 山田さんが妹に<u>手紙を書いてきた</u>.
(11) a. 山田さんが田中さんに<u>話しかけた</u>.
　　 b. 姉が田中さんに<u>話しかけた</u>.
　　 c. 山田さんが姉に<u>話しかけてきた</u>.

　行為者と話し手，また行為の受け手と話し手との心理的距離の差によってV-テクルとスルを使い分けます．話し手が特に行為者とも受け手とも心理的に近いと感じない，あるいはそれを表明する必要がないと考えた場合には，客観的に事態を捉えて（10a）（11a）のように動詞のみで構いません．また，話し手にとって行為者のほうが行為の受け手より心理的に近い存在の場合も話し手から遠ざかる方向で問題ありませんから，（10b）（11b）のように動詞

がそのまま使えます．一方，行為者より行為の受け手のほうが話し手にとっ
て心理的に近い存在の場合，（10c）（11c）のようにその人物に話し手の視点
を重ねて V-テクルを使うのが普通です．このような場合は，V-テクルは，
行為の方向を変えることで，視点を話し手の縄張りに向ける機能を果たして
いると言ってもよいでしょう．ただし，V-テクルは，原則的に到達点が
「私」であることを含意しますから，話し手が視点を重ねている人物を「〜
に」で明示しなくてはなりません．

テクルとテクレルの用法の整理

　しかし，どのような場合でも V-テクルが適切かというと，必ずしもそう
ではありません．話し手が自分に向けられた行為を恩恵と捉える場合には，
V-テクルの代わりに，授受動詞「くれる」を使った V-テクレルが適切にな
ります．V-テクレルが，ここで扱う 2 つ目の話し手に向けられた行為の指
標です．では，V-テクルと V-テクレルの違いを考えましょう．

　V-テクレルも行為の向かう方向を話し手の視点の方に向ける働きがある
ことは，V-テクルと基本的に同じです．この 2 つの形式が異なるのは，V-
テクレルは行為の方向を変えるだけでなく，話し手がその行為が自身に向け
られることで，何らかの恩恵を享受することを表すという点です．次の例で
確認してください．

（12）a.　出かけるときに，友だちが電話をかけてきた．
　　　b.　誕生日に，国の家族が電話をかけてくれた．
（13）a.　パーティで隣の人が話しかけてきた．
　　　b.　パーティで緊張していたら，隣の人が話しかけてくれた．

　話し手がありがたいと感じる場合は，ある出来事が話し手にとって恩恵が
あると捉える場合で，専らテクレルという形式が使われます．クレルは授受
動詞で，本動詞としての用法と動詞のテ形に接続する補助動詞としての用法
があります．

　先に進む前に，授受動詞の使い分けを整理しましょう．授受動詞は，本動
詞としても補助動詞としてもその使い分けには話し手の視点，つまりどこか
らある事態を描写しているかが大きく関わります．話し手の視点は文の主語
に置かれるのが普通ですが，授受動詞文には，主語ではなく，「〇〇に」で
表される動作の受け手に視点を置かなければならない文があります．それが
クレル文と V-テクレル文です．

授受動詞文の文型と視点の位置を表2にまとめます．話し手の視点が置かれるところを太字で示します．ここで「私」は話し手自身あるいは家族など，話し手が身近に感じる人であると考えてください．話し手がだれを身近に感じるかは，第11課の教授項目1で解説します．補助動詞としての授受動詞の視点は，本動詞のそれに準じます．

表2　授受動詞のまとめ

	文型と話し手の視点	典型的な例
与える動詞	**与え手が** 受け手に ヤル：V-テヤル アゲル：V-テアゲル	**私が** だれかに（何かを） ヤル：シテヤル アゲル：シテアゲル
	与え手が **受け手に** クレル：V-テクレル	だれかが **私に**（何かを） クレル：シテクレル
受け取る動詞	**受け手が** 与え手に・から モラウ：V-テモラウ	**私が** だれかから・に（何かを） モラウ：シテモラウ

　クレルとV-テクレルは常に受け手が「私（話し手）」であることを前提とする動詞です．このクレルの特性を使って，話し手はだれかの行為を恩恵と捉えたことを言語化します．（12）（13）のaとbの基本的な違いは，当該の行為を話し手が恩恵と解釈するかどうかです．恩恵と理解できる場合にV-テクレルが使われ，特にその必要がない場合には，V-テクルが使われます．同様の例（14）を見てください．

（14）a.　携帯電話会社が請求書を<u>送ってきた</u>．
　　　 b.　友だちが結婚式の招待状を<u>送ってくれた</u>．

日本語教育の実践に向けて

　学習者の母語によっては，行為者と行為の受け手如何にかかわらず，客観的な事態把握を基本とするものがあります．英語はそのような言語の1つです．たとえば英語母語の学習者には，（15）（16）の英語を表現しようとして，下に書いたような不自然な日本語を産出することがあります．

（15）A friend of mine sent me an invitation card to her wedding.
　　　 ?友だちが私に結婚式の招待状を送りました．
（16）My friend asked me to help him to move.

?友だちが私に引越しの手伝いを頼みました.

　このような学習者の指導では，（15）は「友だちが結婚式の招待状を送っ
てきました」または「友だちが結婚式の招待状を送ってくれました」，（16）
は「友だちが引越しの手伝いを頼んできました」などの表現が可能になるよ
うに，母語と日本語の違いに注意を喚起する必要があります．日本語の授業
の最後に「友だちが私にお別れ会の連絡をしました」「先生は私たちに上手
に教えました」などと言われてドキッとすることがないようにしたいもので
す.
　話し手に向けられた行為や恩恵の指標であるV-テクルとV-テクレルの円
滑な学習のためには，導入と練習に教育的な工夫が求められます．学習者の
母語と日本語の違いの指摘だけでなく，2つの文型の使い分けには，適切な
文脈が必要です．どのような文脈あるいは場面で練習ができるか工夫してく
ださい．ただし，話し手に向けられただれかの行為が話し手にとって迷惑な
場合もありえます．そのような場合には受け身を使います．このことは第
11課で取り上げます.

■教材を作成する1 ≫ 初・中級の口頭練習

　この課の教授項目についての理解を踏まえて，初・中級レベルの日本語学
習者への「口頭練習」を考えます．学習者の反応を促す刺激（キュー）を使
いながら，練習を作成しましょう.

例題 ④

教授項目1こそあ（文脈指示）を例として，初・中級の日本語学習者
向けの口頭練習を考えます.

1) 「コソアとは」から「コソアの文脈指示用法の整理」まで（130～
　　134頁）の要点を意識できるような練習を作成しましょう.
2) あなたが作った場面と例文を紹介しましょう.

---

1) **練習の作成**……話し手が経験したことを描写する状況を設定したうえで，キューを与える（状況設定の例：高校のクラス会でクラスメートと昔話や近況報告をする．キューの例：高校時代の部活の話，受験勉強の経験，修学旅行の思い出）．

2) **場面と例文の紹介**……提示した状況について，場面や例文の適切さ，自然さの観点から練習作成者同士で（独習の場合は客観的に）評価する．

問題4

教授項目2「V-てくる」と「V-てくれる」（話し手の指標）を例として，初・中級の日本語学習者向けの口頭練習を考えます．

  1）「スルとテクルの用法の整理」，「テクルとテクレルの用法の整理」（137〜140頁）の要点を意識できるような練習を作成しましょう．

  2）あなたが作った場面と例文を練習作成者同士で紹介し合いましょう．

■教材を作成する２≫ 初・中級のロールプレイ，読解教材，作文課題

初・中級レベルの日本語学習者に向けて，「ロールプレイ」「読解教材」「作文課題」を作成します．以下では，次の4つの場面を想定して取り組みます．例題ではいずれか1つの場面を用いるので，それを参考にしながら考えてみましょう．

①知人との接触（社会的生活）：指導教員等との面談等で，留学中や休暇中の出来事について説明する

②職場の同僚との接触（社会的生活）：職場の同僚と商談中の案件について話す

③ホームステイ先の家族との接触（個人の生活）：ホームステイ先の家族と休暇について雑談をする

④友だちとの接触（個人の生活）：留学中の家族とのやりとりについて話す

例題 ⑤

日本語学習者のためのロールプレイを考えます.

1) 場面③「ホームステイ先の家族と休暇について雑談をする」のロールカードを作りましょう.
2) 学習者に状況と役割を与え,それらにふさわしい会話ができるように促しましょう.

例題 5 の解答例

1) **ロールカード……**

> カード A
> あなたはホームステイをしています.ホストファミリーから質問されますから,自分の家族や友だちについてエピソードをまじえて話してください.

> カード B
> あなたは A さんのホストファミリーです.歓談の 1 つとして,A さんの家族や友だちについての話を,具体的なエピソードを引き出しながら聞いてください.

2) **会話の促し……**ロールカードを模擬的に使ってみて,指定された場面と役割に合った自然な会話ができるかといった観点から,練習作成者同士で(独習の場合は客観的に)評価しましょう.

問題 5

場面①~④のうち,いずれかを選んでロールプレイの練習を考えましょう.

例題 ⑥

初・中級の日本語学習者向けの読解教材を考えます.

1) 場面①「指導教員等との面談等で,留学中や休暇中の出来事について説明する」で求められる Can-do を考えましょう.
2) この場面に即した読解教材を,学習者のレベルに合った語彙,文

型，字数の観点から探しましょう．生教材で学習者のレベルと合ったものが見つからないときは，適切な読解教材を参考にして自分で教材を作成します．その際は，教授項目を適切に組み込んでください．

3) ここで作成した読解教材を使って，どのような授業を展開するか考えましょう．

例題6の解答例

1) Can-do……学習者が経験した出来事について，物事を自身の視点から的確に指し示し描写することができるようになる．

2) 読み物の例……

〈○○クラブのニュースレターへの寄稿〉

「日本の生活」

　○○クラブのみなさん，今日は，わたしの日本での生活や経験を報告します．日本のホストファミリーは山本洋平さんとかおるさんご夫妻です．

　日本に来てすぐに，国の両親がスカイプ電話をかけてきました．わたしの家族は英語しか話しませんが，山本洋平さんは英語が上手なので，このときは，英語で家族を紹介しました．そのあとは，わたしの日本語の勉強のために，いつも日本語で話してくれます．週末や連休などには，山本さんの家に食事やお茶に招いてくれて，日本人の生活や習慣を教えてくれます．また，東京の下町見物や買い物に連れて行ってくれることもあって，とても楽しい毎日です．

　この前は，両国の大相撲に誘ってくれました．国技館で相撲を見るのは初めてでしたが，テレビで見るのとずいぶん違って，会場に熱気がありました．相撲ファンは小さい子どもからお年寄りまで幅広く，そばで見たお相撲さんの大きさにびっくりしました．これは忘れられない経験です．

　山本さんご夫妻は，本当の家族のように私に接してくれます．本当にうれしいです．いつか，わたしの国に招待したいと思います．そのときは，わたしの国の生活や習慣をたくさん紹介したいと思います．

（マドレーヌ・マルタン）

3) **授業の展開**……1 一緒に読む／2 内容を確認する質問をする（だれが書きましたか，何のために書かれた読み物ですか，日本でホストファミリーとどのような経験をしていますか，特にどのような経験が印象に残っています

か，など）／3 経験について説明するときの構成を確認する．学習者の国・地域の書き方と比較するなど話し合う．

問題6

場面①〜④のうち，いずれかを選んで読解教材を考えましょう．

例題 ⑦

読んだこと，話したことをもとにして，初・中級の日本語学習者向けの作文課題を作ります．

1) 場面①「指導教員等との面談等で，留学中や休暇中の出来事について説明する」に関連させた作文課題を考えましょう．
2) 書き手，読み手，文章のジャンルや目的，文体などの設定を提示しましょう．

例題7の解答例

1) **作文課題**……場面①に関連させて，「留学中や休暇中の出来事について説明する」という課題
2) **各種の設定要素**……書き手（氏名，年齢，性別，出身地域）／読み手（出身地域，大学，学年）／文章のジャンルや目的（ブログ，目上の人と自分自身の経験や思い出を語る）／文体（です・ます体），など

問題7

場面①〜④のうち，いずれかを選んで作文課題を考えましょう．

■授業をデザインする≫ **教案づくり**

この課で作成した教材を使って，実際に授業を組み立ててみましょう．

例題 ⑧

授業の枠組みを設定し，教案を作成します．ウェブ上の「教案フォーマ

ット」を活用してください．

1) ここまで作成した教材で，学習者に求められる Can-do を確認しましょう．
2) 授業形態（人数，学習者情報，教材・教具，教室環境など）を想定しましょう．
3) 口頭練習，ロールプレイ，読解教材，作文課題などの活動をどの順で展開するか考えましょう．
4) 教授項目をどのように導入するか，説明はどのようなことに注意するかを考えましょう．
5) 各活動を行う際，どのような指示を出すかを考えましょう．

例題 8 の解答例

1）**Can-do ～ 5）指示**……ウェブ上の「第 1 課の教案例」，「第 2 課の教案例」を参照のこと．

問題 8

場面①～④のうち，いずれかを選んで教案を作成しましょう．

8 条件を付けた仮想の状況を描写する表現

「と・ば・たら・なら」(順接条件)をいつ・どう使う？

■授業の準備をする≫ ゴールと教授項目

　条件を付けて仮想の状況を描写するとき，「と・ば・たら・なら」を使うことがあります．このような表現を使った例文として，どのようなものが頭に浮かびますか．日本語の初級教科書では，「春になると桜が咲きます」「先生に聞けば分かります」「安かったら買います」「田中さんなら，図書館にいます」などの例文が紹介されます．

　この課では，このような条件を付けて仮想の状況を描写するときに使う表現を取り上げ，これらが実際に使われる場面を分析しながら，日本語教育にどのように応用するかを考えていきます．まずはこの課のゴールと教授項目を確認しましょう．

ゴール

条件を付けて仮想の状況を表現する際の文法について，学習者に適切な理解を促すための授業ができる．

教授項目

1　「と・ば・たら・なら」(順接条件)
2　「と」と「たら」(過去の出来事の前提条件)
3　「ても」(譲歩条件) と「のに」(逆接)

■日本語を振り返る≫ 設定場面「授業のあと，キャンパスで友人と話す」

　日常生活で上の文法・文型がどのように使われるか，例を通して確かめます．以下のモデル会話は，初・中級レベルを想定したもので，「授業のあと，キャンパスで友人と話す」という場面で作成されています．これを読んで，後の問いに答えましょう．

〈モデル会話──授業のあと，キャンパスで〉

> 池田：お，アグスじゃん，元気ないな．今から帰るの？　駅に行くなら　　[1]
> 　　　一緒に行こうか．
>
> アグス：あ，いっくん，帰るの？　実はさあ，今朝，どこかに学生証を落
> 　　　としちゃったみたいなんだ．それで，どうしたらいいかと思って
> 　　　……．　　　　　　　　　　　　　　　　　　　　　　　　　　　[5]
>
> 池田：え？　いつ気がついたの？　どこで落としたか大体分かってる
> 　　　の？
>
> アグス：それが，今朝，駅で定期券を買ったときには確かにあったんだけ
> 　　　ど，そのあと，さっき，図書館で本を借りようとすれば，どこに
> 　　　もないんだ．　　　　　　　　　　　　　　　　　　　　　　　[10]
>
> 池田：すれば？　すればじゃなくて，したらじゃない？　で，そうする
> 　　　と，落としたところは駅から大学までの間と大学キャンパスって
> 　　　いうことか．範囲が広いな．そして，落とした時間は朝の9時
> 　　　からさっきまでか．大変だな．とにかく一緒に探そう．
>
> アグス：ありがとう．　　　　　　　　　　　　　　　　　　　　　　[15]
>
> 池田：しかし，アグスはいつも落ち着いて行動するのに，珍しいね．
>
> アグス：昨日遅く帰ると，疲れてそのまま寝ちゃったから，今朝遅刻しそ
> 　　　うだったんだ．
>
> 池田：「遅く帰ると」じゃなくて，「遅く帰ったら」じゃないか？
>
> アグス：あ，そうか．むずかしいな．　　　　　　　　　　　　　　　[20]
>
> 池田：1限に授業があるなら，前の晩は遅くならないほうがいいよ．次
> 　　　の日，起きられないから．
>
> アグス：「飲んだら乗るな．乗るなら飲むな」みたいだね．
>
> 池田：お，なかなかむずかしいことを知ってるね．でも，「なら」と「た
> 　　　ら」，何が違う？　むずかしい．でも，簡単にあきらめたらだめだ．[25]
>
> アグス：で，どうすればいい？
>
> 池田：まず，駅で何かを拾ったら，親切な人なら，電車の会社の遺失物
> 　　　係っていうところに届けると思う．それから，キャンパスで拾っ

た人がいたら，大学の事務の遺失物係に届けると思う.

アグス：遺失物係？　あ，それならさっき駅に電話してみたんだけど，何　　[30]
　　　　回かけたのにだれも出ないんだ.

池田：何回かけたのに？　何回かけても，じゃないか？

アグス：ああ，そうか.　むずかしいな…….

池田：ま，いいや.　とにかく行ってみよう.

アグス：うん.　　　　　　　　　　　　　　　　　　　　　　　　　　　　[35]

【電車会社の遺失物係で】

アグス：すみません.　あのう，今朝，9時ごろ，この駅で，学生証を落と
　　　　したようなんですが，だれか拾ってくれた人がいたら，と思って
　　　　…….

遺失物係：学生証ですね.　お名前は？　　　　　　　　　　　　　　　　　[40]

アグス：アグス・○○です.　○○大学の留学生です.

遺失物係：ちょっとお待ちください.（届け出の記録を調べる）
　　　　今のところは，届けられていません.　届け出があると，1週間は
　　　　保管します.　来週の月曜日までに，また来てみてください.

アグス：わかりました.　　　　　　　　　　　　　　　　　　　　　　　　[45]

池田：なかなかむずかしそうだね.　今度は大学の遺失物係に行こう.

アグス：学生証がないと，明日から不便だ.　すぐ再発行してもらわなくち
　　　　ゃ…….

【大学の遺失物係で】

アグス：あのう，○○学部の1年生のアグス・○○ですが，今朝，どこ　　[50]
　　　　かで学生証を落としてしまって…….

事務の人：あ，たしか，キャンパスで拾った学生証の届け出があったと思い
　　　　ます.　記録を見てみますね.（記録を見る）アグスさんですね.
　　　　ありましたよ.

アグス：え？　よかった.　見つからなかったらどうしようと思って…….　　[55]
　　　　だれが届けてくれたんでしょうか.

事務の人：○○学部2年生の○○さんです.　お礼を言うといいですね.

アグス：ありがとう.　○○学部2年の○○さんですね.　連絡してみます.

【しばらくあとで】

池田：見つかって，よかったね.　　　　　　　　　　　　　　　　　　　　[60]

アグス：うん.　ほんと.　僕も，今度何かを拾ったら，どんなものでも遺失
　　　　物係に届けるよ.

池田：そうだね.　じゃあ，帰ろう.

アグス：うん.　ありがとう.

モデル会話の中から，教授項目1「と・ば・たら・なら」（順接条件）を探し出しましょう．また，初・中級日本語教材として，どのような意図でそれらが配置されているかを考えましょう．

例題1の解答例

教授項目1の出現箇所……1行目「駅に行く<u>なら</u>一緒に行こうか」，9行目「さっき，図書館で本を借りようと<u>すれば</u>，どこにもないんだ」，19行目「「遅く帰る<u>と</u>」じゃなくて，「遅く帰っ<u>たら</u>」じゃないか？」，21行目「1限に授業がある<u>なら</u>，前の晩は遅くならないほうがいいよ」，23行目「「飲ん<u>だ</u><u>ら</u>乗るな．乗る<u>なら</u>飲むな」みたいだね」，25行目「簡単にあきらめ<u>たら</u>だめだ」，26行目「で，どう<u>すれば</u>いい？」，27行目「駅で何かを拾っ<u>たら</u>，親切な人<u>なら</u>，電車の会社の遺失物係っていうところに届けると思う．それから，キャンパスで拾った人が<u>いたら</u>，大学の事務の遺失物係に届けると思う」，38行目「だれか拾ってくれた人が<u>いたら</u>，と思って……」，43行目「届け出がある<u>と</u>，1週間は保管します」，47行目「学生証がない<u>と</u>，明日から不便だ」，57行目「お礼を言う<u>と</u>いいですね」

教授項目1の配置の意図……アグスのセリフから，初級の学習者が日本語の条件表現の使い分けを困難に感じているところが分かる．また，それに対する池田のセリフは，日本語の条件表現の使い分けの難しさに注意することを母語話者に喚起するという意図で配置されている，など．

問題1

モデル会話から，教授項目2「と」と「たら」（過去の出来事の前提条件），教授項目3「ても」（譲歩条件）と「のに」（逆接）を探し出しましょう．例題1を参考にしながら，それぞれの出現箇所，配置の意図をまとめましょう．

■日本語を分析する1≫「と・ば・たら・なら」（順接条件）

先ほどのモデル会話を使って教授項目を授業で扱うとき，日本語教師はどのような点について留意すると思いますか．例題を使って考えていきましょ

う．

例題 ②

日本語教育の視点から，教授項目 1「と・ば・たら・なら」（順接条件）
に関する会話が示唆することは何でしょうか．下の例文 1）と 2）をも
とにして，気づいたことを挙げましょう．

〈例文〉
1)?道が分からないとどうしたらいいですか．
2) 道が分からなかったらどうしたらいいですか．
3)?あの角を曲がれば，左側に駅があります．
4)?あした寒いと家にいます．
5) ドアの前に立つとドアが開きます．

例題 2 の解答例

例文 1)で気づいたこと……たとえば，日本語学習者にときどき見られる発話で，
不自然である，など．
例文 2)で気づいたこと……たとえば，日本語母語話者なら，2）のように「道
が分からなかったらどうしたらいいですか」などと「たら」を使って発話す
るだろう，など．

問題 2

例題 2 の例文 3）〜 5）をもとにして，気づいたことをそれぞれ挙げま
しょう．

日本教育の視点で見ると？

日本語の条件表現は，学習者にとって難しい項目の 1 つです．次の会話
を見てください．

(1) 学 習 者：*初めて日本語を 習えば／習ったら，どの教科書がいいで
　　　　　　　すか．
　　　母語話者： ええっと？　　どのレベルですか？
(2) 母語話者： 風邪が流行っていますね．

　　　　学　習　者：*そうですね．家に帰れば，必ずうがいをしたほうがいい
　　　　　　　　　　　ですよ．
（3）学　習　者：*雨がやめば，散歩に行きましょうか．
　　　　母語話者：え？　天気が良くなったら出かけてもいいですね．
（4）学　習　者：*日本語が分からないと，聞いてもいいですか．
　　　　母語話者：ええ？　あ，いつでもどうぞ．

　（1）から（4）は，条件とその帰結を表す条件文のト，バ，タラ，ナラ節の
難しさを反映しています．（1）は「初めて日本語を習うなら」，（2）は「家
に帰ったら」，（3）は「雨がやんだら」，（4）は「分からなければ／分から
なかったら」がよいでしょう．この課のモデル会話からも，母語話者の池田
がこれらの条件表現の使い分けや説明に困っている様子が分かります．ここ
では，ト，バ，タラ，ナラが導く，いわゆる条件節について考えます．

因果関係を表すト節とバ節とタラ節の用法の整理

　まず，自然の摂理や常識的あるいは恒常的な因果を表すような P→Q で，
ト，バ，タラの条件文を比べてみましょう．Q の述語は具体的な時間を示
さず，なんらかの出来事を一般的に語る，いわば超時的なル形です．

（5）春に なると／なれば／なったら，暖かくなる／桜が咲く．
（6）赤の絵の具に青の絵の具を 混ぜると／混ぜれば／混ぜたら，紫色に
　　　なる．
（7）このボタンを 押すと／押せば／押したら，ドアが開く．
（8）試験に 受かると／受かれば／受かったら，通知が来る．
（9）安いと／安ければ／安かったら，よく売れる．
（10）窓を 開けると／開ければ／開けたら，風が入ってくる．
（11）背伸び すると／すれば／したら，遠くが見える．

　（5）のような季節の推移に伴う自然変化や，（6）（7）のように誰がやって
も同じ結果になる恒常的な因果関係，また，（8）（9）（10）（11）のような常識
的・習慣的な因果関係では，いずれも P と Q の間には時間的な前後関係が
あります．このような例では，三者の違いは見えにくくなりますが，次のよ
うな例では，違いが現れます．

　（12）銀行の角を 曲がると／*曲がれば／?曲がったら，左側に郵便局が

ある.

　（13）この通りを真っすぐ 行くと／*行けば／?行ったら，突き当たりに
　　　　公園がある.

（12）（13）では，ト節のみ可能です．その P と Q の関係は，因果関係でも時
間的前後関係でもありません．P は主体の移動を表し，主体の移動が完了し
たところで何かの存在を認識するという意味です．前件 P の主体の移動と
ともに話し手の視点も移動しています．このようなト節は，出来事の条件を
表すというより，前件が後件の契機となって実現する連続する出来事を描写
していると言えます．このようなト節は，「発見のト」と呼ばれることがあ
ります．

　さらに，後件の内容によっても違いが現れます．比べてみましょう．（14）
（15）（16）の後件 Q は，いずれも話し手の意志表示や助言などの聞き手への
働きかけです．タラ節がト節およびバ節と違う振る舞いを見せます.

　（14）*寒いと／寒ければ／寒かったら，窓を閉めてください.
　（15）*暑くなると／*暑くなれば／暑くなったら，窓を開けてください.
　（16）太郎が *来ると／*来れば／来たら 出かけましょう.
　（17）今日の新聞を *読みたいと／読みたければ／読みたかったら，そこ
　　　　にあります.

　ト節は，（14）（15）（16）のように，後件が聞き手への依頼あるいは助言や,
話し手の意志などを表す場合には使えません．バ節は，（14）のように前件
が状態を表す場合には可能ですが，（15）（16）のように変化や動きを表す場
合には使えません．（17）は，前件 P と後件 Q の間に論理的な関係が認めら
れにくく，おおよそ「今日の新聞を読みたい方は，新聞がそこにありますか
ら，どうぞお読みください」というような意味に解釈されます．前件 P と
後件 Q の間の解釈は語用論的になされる必要がありますが，このような場
合にもト節は使えません．ト節が結ぶ P と Q の関係は三者の中で最も限定
的なものであることが分かります．このことは，名詞をつなぐ並列助詞「と」
の基本的な性質に関係しているのでしょう．一方で，以上のどの場合にもタ
ラ節は使えます．タラ節が三者の中で最も制約が緩い条件節であることが分
かります.

　すでに起こった出来事を後悔するときに使われる表現に反事実条件文があ
ります．バ節とタラ節は，（18）（19）のような反事実条件文にも使われます.

また，バ節に限った使い方としては，（20）のように「さえ」などを伴って，前件Pが後件Qの成立のための最低条件を表すこともあります．また（21）の「ほど」のように程度を表す表現に慣用的に使われます．

(18) もっと勉強して<u>おけば</u>／して<u>おいたら</u>，よかった．

(19) 値段が<u>安ければ</u>／<u>安かったら</u> 買えたのですが……．

(20) 彼は，暇さえ *<u>あると</u>／<u>あれば</u>／*<u>あったら</u>，スマホを見ている．

(21) 何事も，??練習<u>すると</u>／練習<u>すれば</u>／??練習<u>したら</u>／練習する<u>ほど</u> 上達します．

ここまでをまとめてみましょう．

ト：何かの条件というより，Pの実現を契機として必ずQが起こるという必然的な因果関係のある事態の契機を表す．Qは話し手の意志や聞き手への働きかけなどを表すことはなく，その述語は超時的なル形が現れる．そのため，地図の説明，道具の使用説明などに使われやすい．Pが主体の移動の場合，話し手の視点も主体とともに移動し，Qを認知する表現となる．

バ：トと類似した必然的な因果関係を表す条件節で，後件Qの制約はトより緩やかで，前件Pの述語が状態性述語であれば，後件Qに話し手の意図や聞き手への働きかけの表現も可能である．「すればするほど」の形で，漸時的な程度の表現に慣用的に使われる．また，「犬も歩けば棒に当たる」「塵も積もれば山となる」などのことわざに頻出する．前件Pにとりたて助詞「さえ」を伴って，後件Qの成立の最低必要条件を表す．

タラ：最も制約が少ない条件節で，前件Pと後件Qが時間的前後関係を満たしている限り，後件に話し手の意志や聞き手への働きかけ表現など，自由につなぐことができる．

ナラ節の用法の整理

では，最後にナラ節について考えます．ト，バ，タラに対して，ナラの条件文を比べてみます．ナラはノナラという形で使われることもあります．この「ノ」は第5課で考えた関連づけの「ノダ」のノです．ナラでもノナラでも，意味の違いはないようです．ここではナラで話を続けます．

(22) 雨が やむと／やめば／やんだら／*やむなら，試合が始まる．

(23) 雨が *降ると／*降れば／*降ったら／降るなら，傘を持っていく．

(24) 観客が大勢 来ると／来れば／来たら／*来るなら，ステージが見え
にくくなります．

(25) 観客が大勢 *来ると／*来れば／*来たら／来るなら，前もって座席
を増やしておきましょう．

(26) 明日こちらに *来ると／*来れば／*来たら／来るなら，その前に電
話してください．

ナラと他の３つとの違いは明白です．(22)(24) はナラだけが使えず，反対
に，(23)(25)(26) ではナラしか使えません．この違いは，前件と後件の関
係にあります．(22)(24) は，前件が実現したあとで後件が実現するという，
時間的な前後関係が認められます．しかし，(23)(25) は，「傘を持ってい
く」「座席を増やしておく」は，前件の事態がいつ起こるか未定の時点で，
その事態が実現する可能性を鑑み，その事態に備えて，事前に後件の実行を
決意するというような意味になります．ナラ節は，ほかの３種のような時
間的前後関係や論理的な P→Q ではないことが分かります．(26) の後件は，
話し手から聞き手への依頼を表していますが，ここでタラが使えないのは，
話し手が聞き手からの電話を期待している時点に関係します．「その前に」
から分かるように，電話連絡は聞き手が来るという事態が完結する前に実現
していなくてはなりません．

(27) は，バ節，タラ節，ナラ節いずれも可能ですが，解釈が異なります．

(27) 山田さんが *出席すると／出席すれば／出席したら／出席するなら，
私も出席します．

(27) のバ節とタラ節は，山田の出席が話し手（私）の出席の前提条件で
すが，ナラ節は，山田の出席が明らかになった時点で，私が決意するという
意味になります．このようなナラ節とタラ節の違いを利用したのが「飲んだ
ら乗るな．乗るなら飲むな」という標語です．「飲んだら乗るな」は「飲ん
だ後に乗ってはいけない」また，「乗るなら飲むな」は「乗ることになった
ら，その前に飲んではいけない」という意味になります．

日本語教育の実践に向けて

4つの条件節を概観しました．日本語学習の初級段階では，タラ節が最も

学習しやすいことは確かですが，ト節，バ節に特有の用法を教授項目から排除できません．導入順と練習，特にタラ節で置き換えることができないバ節の説明と練習に工夫が必要です．

　最後に，補足として，ナラの提題の機能に触れます．ナラには，名詞＋ナラという形で，何かを題目としてとりたて，残りの部分でそれについて述べることができます．この用法は，すでに第3課のモデル会話に「鎌倉<u>なら</u>，電車でもそんなに遠くありませんよ」「1日遊ぶ計画<u>なら</u>」「初めて<u>なら</u>」の形で出ています．名詞だけでなく，次のような形でも用います．

　　　（28）花見をする（の）ナラ，上野公園や千鳥ヶ淵がいいと思う．
　　　（29）山田さんを探している（の）ナラ，図書館に行ってみたら．

これらの例では，話し手は，名詞ではなく，何らかの事態をナラでとりたてて，仮にその事態が実現されると前提したうえで，それについての判断や意志を後件で述べています．ナラの条件文は，前件を前提として後件でそれについての話し手の見解を述べる形式だと言ってよさそうです．

■**日本語を分析する2》「と」と「たら」（過去の出来事の前提条件）**

例題 ③

　日本語教育の視点から，教授項目2「と」と「たら」（過去の出来事の前提条件）に関する会話が示唆することは何でしょうか．下の例文1）〜3）をもとにして，気づいたことを挙げましょう．

　　〈例文〉
　　1)?学校へ来れば，日本語のクラスは休講だった．
　　2)?学校へ来ると，日本語のクラスは休講だった．
　　3)　学校へ来たら，日本語のクラスは休講だった．
　　4)　田中さんはステージに出ると踊りだした．
　　5)　田中さんはステージに出たら踊りだした．

例文 1) 2) で気づいたこと……たとえば，1) と 2) を比べると，どちらも過去の出来事が起こった時点を表しにくいようだ．どちらも日本語学習者の発話に見られることがある，など．

例文 3) で気づいたこと……たとえば，日本語母語話者であれば，3) のように「学校へ来たら，日本語のクラスは休講だった」と，タラを使って表現するだろう，など．

問題 3

例題 3 の例文 4) と 5) をもとにして，気づいたことをそれぞれ挙げましょう．

日本語教育の視点で見ると？

　教授項目 1 で考えた条件節のうち，ト節とタラ節は，前件・後件ともにすでに起こった事柄を表すこともできます．これらのト節とタラ節は，「〜したとき」に近い意味になりますが，まったく同じ意味ではなく，学習者にとっては難しい項目です．例を見ましょう．

(1) 窓を 開ける<u>と</u>／開け<u>たら</u>，富士山が見えた．
(2) 家に 帰る<u>と</u>／帰っ<u>たら</u>，ネットで注文した本が届いていた．
(3) 駅の改札を 出る<u>と</u>／出<u>たら</u>，雨が降ってきた．
(4) 友だちにメールを する<u>と</u>／し<u>たら</u>，すぐ返事が返ってきた．
(5) ドアが 開く<u>と</u>／開い<u>たら</u>，人が大勢乗ってきた．
(6) 封筒を 開ける<u>と</u>／開け<u>たら</u>，分厚い手紙が入っていた．

ト節の用法の整理

　まず，(1) から (6) で，ト節について考えましょう．教授項目 1 で考えたように，ト節がつなぐ前件と後件の関係は，因果関係というより，前件の出来事の実現がきっかけとなって後件の出来事が実現したという，いわゆる契機関係です．トの前は常に述語のル形かナイ形ですから，「〜するト，〜シタ」の形になることから，ト節がつなぐ連続した動き全体が過去に実現したと解釈してよいと思われます．Q の事態が P の事態の終了と時間差がなく生じたというような意味になります．話し手は P の事態終了後すぐに Q を認知したという意味になり，「発見のト」と呼ばれることがあります．有

名な小説の冒頭の（7）のような表現でト節が使われていますが，前件の主体の移動とともに話し手の視点が移動して，トンネルを抜けた瞬間に雪景色を認知した，発見したという意味で，契機的なト節と移動主体の認知変化の効果を生かしています．

　（7）長いトンネルを抜けると，雪国だった．

ト節とタラ節の相違点の整理

　タラ節は，教授項目 1 で確認したように，前件 P と後件 Q の関係が，時間的前後関係を満たしていればよく，3 つの中で最も緩い条件節です．「～したとき」と比べてみましょう．

　（1'）窓を開けたら／開けたとき，富士山が見えた．

　「～たとき」は富士山が目に入った物理的瞬間を表しています．一方，タラ節を使うと，窓を開けるまで想像しなかったことが後件に生じたというような，話し手の驚き・意外な気持ちが表されます．これは「発見のト」に近いように思えますが，ト節は前件と後件が間髪入れずに生じるというニュアンスがある点が異なります．

　もう少しト節とタラ節の違いを見てみましょう．次のような例で，前件と後件の主語が同じ場合は，同一主体による動作の連鎖の描写となり，タラは容認度が下がります．

　（8）彼は 帰宅すると／?帰宅したら，すぐ食事の支度を始めた．
　（9）彼女は 居間に入ると／?入ったら，ソファーに腰かけた．
　（10）田中は 出社すると／??出社したら 予定をチェックした．
　（11）太郎は 受話器を置くと／??置いたら，ペンをとった．

（8）から（11）は，同一主体の過去の連続した活動を時間軸にそって描写したもので，この場合は，前件と後件の間に時間的な幅が生じえないため，タラ節が使いにくいようです．「田中は，出社して予定をチェックした」のように，並列接続のテ形でも同一主体の連続した活動を表現できますが，テ形接続の場合は，2 つの独立した出来事の連鎖というより，2 つの動作で成り立つような，自動化された 1 つの慣習的動作の描写の解釈のほうが自然です．

反対に，次の例のように，前件と後件の間に契機的な連続性が認められない場合には，ト節よりタラ節の容認度が上がります．

（12）大学に ??行くと／行ったら，１限は休講だった．
（13）田中さんに ??会うと／会ったら，しばらく休学すると言っていた．

以上から，過去の出来事に用いられるト節とタラ節には，条件節のト節とタラ節の基本が継承されていると言えます．

日本語教育の実践に向けて

　ト節，バ節，タラ節，ナラ節の中で，ナラ節の特殊性，またト節の厳密な契機性，またタラ節の時間的前後関係や状況表現への近接性などを考えると，「さえ」などを伴って最低条件を表したり，「ほど」を伴って程度の漸時的な変化を表すバ節が日本語の典型的な条件節であると言えそうです．

　この４つの条件節に関して，それぞれの典型的な使い方を導入することは必須ですが，４つの条件節の違いが明らかになるような状況設定の工夫が必要です．

■日本語を分析する３≫「ても」（譲歩条件）と「のに」（逆接）

例題 ④

日本語教育の視点から教授項目３「ても」（譲歩条件）と「のに」（逆接）に関する会話が示唆することは何でしょうか．以下の例文１）〜３）をもとにして，気づいたことを挙げましょう．

　〈例文〉
　１）お金がなかったら買いません．
　２）お金がなくても買います．
　３)?(私は）お金がないのに買います．
　４）（田中さんは）お金がないのに買います．
　５)?来年，忙しいのに，車の免許を取ります．

例文 1) で気づいたこと……たとえば，自然に聞こえる，など.

例文 2) で気づいたこと……たとえば，日本語母語話者の発話として自然な感じがする，など.

例文 3) で気づいたこと……たとえば，日本語の初級学習者にときどきみられる発話で，不自然だ，など.

> 問題 4
> 例題 4 の例文 4)と 5)をもとにして，気づいたことをそれぞれ挙げましょう.

日本語教育の視点で見ると？

　教授項目 1 と 2 で，P→Q を表す順接的な条件文について考えましたが，条件文には逆接的なものもあります. 例を見てください.

　（1）奨学金がもらえたら留学する.

　（2）奨学金がもらえなくても留学する.

　（1）は，前件の条件が満たされた場合に「留学する」という意味の順接的な条件文（P→Q）です. 一方，（2）は，おおむね「P なのに Q」という意味を表します. 簡単な論理式にすると，〜P & Q となります.「〜」は否定を意味する論理記号です.（2）の発話時点では，前件 P の「奨学金がもらえる」かどうかは未定なので，後件はあくまで仮定の話です. このように，前件 P に逆接的な条件を仮定して後件 Q を述べるような文を，「譲歩条件文（あるいは仮定的逆接文)」と呼びます. ここでは，譲歩条件文について考えます.

譲歩条件節テモの用法の整理

　まず，譲歩条件を表す典型的な表現は，述語のテ形にとりたて助詞「も」がついたものです. 動詞のテ形だけでなく，いわゆる名詞文，形容詞文の述語，またそれらの否定の形も使われます. ここでは，これらを総称して「テモ節」と呼びます. テモ節の例を見てください.

　（3）雨が降っても，明日のマラソン大会を実施します.

（4）忙しくても寝る時間は確保したいです．

（5）今は元気でも，将来は健康が心配だ．

（6）この町の図書館は，市民じゃなくても利用できます．

テモ節は，矛盾を強調するような副詞の「たとえ」「万が一」などと共起して，逆接的な状況を強調することができます．

（7）たとえ（万が一）今度の試験で赤点を取っても，追試のチャンスがあります．

また，譲歩条件のテモ節は2つ以上並列して現れることもあります．

（8）明日のマラソン大会は，雨が降っても雪が降っても風が強くても実施します．

（9）この強化窓ガラスは，強風が吹いても石が飛んできて当たっても割れません．

（10）駅まで徒歩10分以内なら，家賃が高くても多少古くても借りたいです．

また，いわゆる許可表現に「〜テモ　いい／かまわない」などの形が使われますが，このテモも基本的に譲歩条件です．

（11）明日，仕事を休んでもいいですか．

（12）忙しかったら，今日中にしなくてもいいです．

（13）日本語で話しても話さなくても構いません．

テモ節は疑問語とともに使われて，逆接的な仮定の状況を誇張した意味を生じさせます．

（14）あの子は誰に会っても挨拶をしない．

（15）いつ行っても，留守だ．

たとえば（14）は，あの子を見ていると，先生に会っても挨拶しないし，隣りの人に会っても挨拶しないし，友だちに会っても挨拶しない．観察する限り，あの子が挨拶する人はいない．そこから推定して，出会う可能性のあ

る人との出会いをすべて確認したわけではないけれど，「あの子は誰に会っても挨拶をしない」という誇張の表現になります．同様に（15）も，昨日留守だった，おととい留守だった，今朝留守だったなどの状況から，行く可能性のある日時をすべて確認していなくても，「家にいる時間はない」という誇張の表現になります．

テモ節と逆接のノニ節，ケド節の相違点の整理

逆接的に条件と帰結をつなぐのがテモ節の機能ですが，逆接的に2つの事態をつなぐ機能は，ノニ節やケド節にもあります．テモ節がノニ節やケド節と異なるのはどのような場合でしょうか．

（16）a. お金が<u>あって</u>も買いません．
　　　 b. お金が<u>ある</u> ?<u>のに</u>／<u>けど</u> 買いません．
（17）a. 難しい試験<u>でも</u>受験します．
　　　 b. 難しい試験 ?<u>なのに</u>／<u>だけど</u> 受験します．

（16）（17）から分かることは，ノニ節は，後件が未完了・未確認の事態の場合，使いにくいということです．その理由を考えましょう．テモ節は条件節ですが，ノニ節とケド節は条件節ではなく，その基本機能は事実的な逆接です．ケド節は，後件が未完了・未確認でも可能ですが，ノニ節は可能ではありません．ノニ節とケド節の違いは何でしょうか．ノニ節はケド節と違って，後件で話し手の期待に反したことが起こって意外だという感じが含まれます．次の例を見てください．

（18）一生懸命作った <u>のに</u>／<u>けど</u>, 食べてくれない／食べてくれなかった．

ノニ節には誰かに食べてほしいという，料理を作った人（話し手）の期待が後件で外れたという意外な感じや残念な感じが含意されます．
　（16b）と（17b）の後件は話し手自身の意志的な行為ですが，未実現です．後件が未実現では，期待が外れるかどうか分かりません．ノニ節の使いにくさはこの矛盾に由来するものでしょう．その証拠に，（16b）と（17b）の後件を完了にすると，ノニ節も容認可能になります．

（16b'）お金が<u>ある</u> <u>のに</u>／<u>けど</u> 買いませんでした．
（17b'）難しい試験 <u>なのに</u>／<u>だけど</u> 受験しました．

また，(16b)(17b)の主語を話し手ではなく第三者にして，その人の行動にすると，話し手の期待が第三者の行動で裏切られたとすることが可能になり，容認可能になるようです．

　(16b”)田中さんはお金があるのに買いません．
　(17b”)田中さんは難しい試験なのに受験します．

　一方，テモ節はある条件下で逆接的な事柄が実現したという場合にも使われ，その場合には逆接を表すノニ節・ケド節の解釈に近づきます．

　(19) a. 彼は，体調が悪くても仕事をしました．
　　　 b. 彼は，体調が悪かったのに／悪かったけど，仕事をしました．
　(20) a. 今年は4月に入っても桜が咲きませんでした．
　　　 b. 今年は，4月に入ったのに／入ったけど，桜が咲きませんでした．
　(21) a. 彼は，あんなに忙しくても私の仕事を手伝ってくれた．
　　　 b. 彼は，あんなに忙しかったのに／けど，私の仕事を手伝ってくれた．

　(21)を例に考えます．どちらも，彼自身の仕事で忙しかったことは事実であり，彼が私（話者）の仕事を手伝ったことも事実です．aは，本来実現が難しいはずの条件下で実現した出来事を表します．一方，bは，「彼が忙しかった」事態と「彼が手伝った」事態を，対立させて逆接的につないでいます．テモ節が条件であることは，「あんなに」を疑問語の「どんなに」にすると明らかです．

　(21') a. 彼はどんなに忙しくても私の仕事を手伝ってくれた．
　　　　 b.*彼はどんなに忙しかったのに／けど，私の仕事を手伝ってくれた．

テモ節の機能は，過去の事態を表現する場合でも，その後件の事態が逆接的に生じる条件として前件を述べることですが，ノニ節やケド節の機能は，前件と後件の2つの事実を対立させて述べることです．ここでは，ノニ節やケド節という事実的逆接を表す従属節の違いには詳しく触れませんが，ノニ節は一般に，2つの事柄を対立させて逆接的につなぐ機能に加えて，その逆

接性に対する話し手の不満や驚きなどが含意されると言われます.

日本語教育の実践に向けて

　テモ節とノニ節の相違点を示す文脈には，ノニ節が含意する，すでに起こった事態に対して，話し手がマイナスの気持ちを抱いていることを学習者が理解することが不可欠です．そのような理解が自然になるような状況設定や文脈の工夫が必要です.

■教材を作成する１≫ 初・中級の口頭練習

　この課の教授項目についての理解を踏まえて，初・中級レベルの日本語学習者への「口頭練習」を考えます．学習者の反応を促す刺激（キュー）を使いながら，練習を作成しましょう.

例題 ⑤

例題5　教授項目1「と・ば・たら・なら」（順接条件）を例として，初・中級の日本語学習者向けの口頭練習を考えます.

　1）「因果関係を表すト節とバ節とタラ節の用法の整理」，「ナラ節の
　　　用法の整理」（152 〜 155 頁）の要点を意識できるような練習を作
　　　成しましょう.
　2）あなたが作った場面と例文を紹介しましょう.

例題 5 の解答例

1) 練習の作成……条件を付けて仮想する状況を設定したうえで，キューを与える（状況設定の例：1 つの文で表現してください．キューの例：100 年前，春に桜が咲きました，50 年前も春に桜が咲きました，毎年春に桜が咲きます，今年も咲きました）.

2) 場面と例文の紹介……提示した状況について，場面や例文の適切さ，自然さの観点から練習作成者同士で（独習の場合は客観的に）評価する.

教授項目 2「と」と「たら」（過去の出来事の前提条件）」を例として，
初・中級の日本語学習者向けの口頭練習を考えます.

1）「ト節の用法の整理」,「ト節とタラ節の相違点の整理」（157 〜 159
頁）の要点を意識できるような練習を作成しましょう.
2）あなたが作った場面と例文を練習作成者同士で紹介し合いましょ
う.

問題 6

教授項目 3「ても」（譲歩条件）と「のに」（逆接）を例として，初・中
級の日本語学習者向けの口頭練習を考えます.

1）「譲歩条件節テモの用法の整理」,「テモ節と逆接のノニ節，ケド
節の相違点の整理」（160 〜 164 頁）の要点を意識できるような練
習を作成しましょう.
2）あなたが作った場面と例文を練習作成者同士で紹介し合いましょ
う.

■教材を作成する 2 ≫ 初・中級のロールプレイ，読解教材，作文課題

　初・中級レベルの日本語学習者に向けて，「ロールプレイ」「読解教材」
「作文課題」を作成します. 以下では，次の 4 つの場面を想定して取り組み
ます. 例題ではいずれか 1 つの場面を用いるので，それを参考にしながら
考えましょう.

①就職の面接で（社会的生活）：仕事の条件や希望についての質問に答え
る
②顧客との接触（社会的生活）：ビジネスで，条件を付けながら交渉する
③親しい人物との接触（個人の生活）：ルームシェアをすることを想定し
て，ルームメイトの条件について話す（友だちと・先生と）
④友だちとの接触（個人の生活）：何らかの条件を設定して，その上で質
問を受けたり答えたりする

初・中級レベルの日本語学習者のためのロールプレイを考えよう.

1) 場面③「ルームシェアをすることを想定して，ルームメイトの条件について話す（友だちと・先生と）」のロールカードを作りましょう.
2) 学習者に状況と役割を与え，それらにふさわしい会話ができるように促しましょう.

例題 6 の解答例

1) ロールカード……

カードA
あなたは学生です．大学の学生課で，寮やルームシェア，一人暮らしについて希望を聞かれます．質問に答えてください.

カードB
あなたは大学の学生課のスタッフです．新入生に住む場所を紹介しますので，希望の条件を聞いてください.

2) 会話の促し……ロールカードを模擬的に使ってみて，指定された場面と役割に合った自然な会話ができるかといった観点から，練習作成者同士で（独習の場合は客観的に）評価する.

問題 7

場面①～④のうち，いずれかを選んでロールプレイの練習を考えましょう.

例題 **7**

初・中級の日本語学習者向けの読解教材を考えます.

1) 場面①「仕事の条件や希望についての質問に答える」で求められる Can-do を考えましょう.
2) この場面に即した読解教材を，学習者のレベルに合った語彙，文型，字数の観点から探しましょう．生教材で学習者のレベルと合

ったものが見つからないときは，適切な読解教材を参考にして自分で教材を作成します．その際は，教授項目を適切に組み込んでください．

　3）ここで作成した読解教材を使って，どのような授業を展開するか考えましょう．

例題 7 の解答例

1）**Can-do**……学習者が条件を付けて仮想の状況を表現することができるようになる．

2）**読み物の例**……

〈ファンのブログ〉

将来の進路

　日本に留学して，そろそろ半年になる．いま，大学で日本語と経済学を勉強している．来年の 3 月には留学プログラムが終わるので，そろそろ帰国後のことを考えなければと思う．来年の 3 月に帰国して，6 月には国の大学を卒業する予定だ．

　このごろ，大学を卒業したらどうするか考えることが多い．大学院に進学するのも選択肢の 1 つだ．もし日本の大学の大学院に進学するなら，今のうちに，大学院でどんな研究をしたいか，その理由と研究方法を考えて，試験勉強もしなければならない．もし日本で社会人として就職するなら，どんな準備が必要だろうか．前は，日本語が使えればいいと思っていたのだが，今は，日本語だけでなく，中国語も英語も使えるような仕事が見つかったら嬉しいと思っている．この大学で 1 年間日本語を勉強しているし，寮の日本人の友だちのおかげで，日本の生活や習慣にも慣れ，理解できるようになった．日本の習慣といっても，商習慣は日常生活の習慣とは違うだろう．将来的には中国に帰るとしても，一度は日本社会で仕事をして，力試しをしてみたい．場所は東京でなくても構わない．

　来週，大学で就職相談セミナーがある．参加して，日本企業での仕事の情報を集め，上級生にも相談したいと思う．

3）**授業の展開**……1　一緒に読む／2　内容を確認する質問をする（だれが書きましたか．進路の条件はどのような条件ですか，など）／3　条件を付けて仮想したことを詳しく説明し合うときの構成を確認する．将来の進路について話し合う．

問題8

場面①〜④のうち，いずれかを選んで読解教材を考えましょう．

例題 **8**

読んだことと話したことをもとにして，初・中級の日本語学習者向けの作文課題を作ります．

1）場面③「ルームシェアをすることを想定して，ルームメイトの条件について話す（友だちと・先生と）」に関連させた作文課題を考えましょう．
2）書き手，読み手，文章のジャンルや目的，文体などの設定を提示しましょう．

例題8の解答例

1）**作文課題**……場面③に関連させて，「将来の計画や夢についてブログに書く」という課題
2）**各種の設定要素**……書き手（氏名，年齢，性別，出身地域）／読み手（出身地域，大学，学年）／文章のジャンルや目的（ブログ，将来の計画や夢の条件を表現する）／文体（です・ます体），など

問題9

場面①〜④のうち，いずれかを選んで作文課題を考えましょう．

■授業をデザインする≫ 教案づくり

この課で作成した教材を使って，実際に授業を組み立ててみましょう．

例題 **9**

授業の枠組みを設定し，教案を作成します．ウェブ上の「教案フォーマット」を活用してください．

1) ここまで作成した教材で，学習者に求められる Can-do を確認しましょう．
2) 授業形態（人数，学習者情報，教材・教具，教室環境など）を想定しましょう．
3) 口頭練習，ロールプレイ，読解教材，作文課題などの活動をどの順で展開するか考えましょう．
4) 教授項目をどのように導入するか，説明はどのようなことに注意するかを考えましょう．
5) 各活動を行う際，どのような指示を出すかを考えましょう．

例題9の解答例

1) **Can-do 〜 5) 指示**……ウェブ上の「第 1 課の教案例」，「第 2 課の教案例」を参照のこと．

問題10

場面①〜④のうち，いずれかを選んで教案を作成しましょう．

⑨ 見たり聞いたりした情報を根拠に 推測したことを述べる表現

「しそうだ」「するようだ」「するみたいだ」（様態と否定）
をいつ・どう使う？

■授業の準備をする≫ ゴールと教授項目

　見たり聞いたりした情報を根拠に推測したことを述べるとき，「しそうだ」
「するようだ」「するみたいだ」を使うことがあります．このような表現を使
った例文として，どのようなものが頭に浮かびますか．日本語の初級教科書
では，「そのケーキはおいしそうだ」「あの店の料理はおいしいようだ」「田
中さん，疲れているみたいだ」などのような例文が紹介されます．

　この課では，このように見たり聞いたりした情報を根拠に推測したことを
話すときに使う表現を取り上げ，これらが実際に使われる場面を分析しなが
ら，日本語教育にどのように応用するかを考えていきます．まずはこの課の
ゴールと教授項目を確認しましょう．

ゴール ⟩

見たり聞いたりした情報を根拠に推測したことを述べる際の文法につい
て，学習者に適切な理解を促すための授業ができる．

教授項目

1　「しそうだ」「するようだ」「するみたいだ」（様態と否定）
2　「するらしい」「するそうだ」「するようだ」（様態と伝聞の間）

■日本語を振り返る≫ 設定場面「観光旅行の行き先を友人たちと相談する」

　日常生活で上の文法・文型がどのように使われるか，例を通して確かめます．以下のモデル会話は，初・中級レベルを想定したもので，「観光旅行の行き先を友人たちと相談する」という場面で作成されています．これを読んで，後の問いに答えましょう．

〈モデル会話──授業のあと，キャンパスで〉

　　　　アグス：今度の3連休，どうする？　　　　　　　　　　　　　　[1]
　　　　ファン：やっぱり旅行かな．せっかく日本に来たんだから，いろんなと
　　　　　　　　ころへ行ってみたい．あ，でも今回は行くなら，日本のよう
　　　　　　　　なところがいいなあ……．
　マドレーヌ：日本のようなところって，外国に行くってこと？　　　　　[5]
　　　　ファン：そうじゃなくって，日本の伝統的な雰囲気がたっぷり楽しめる
　　　　　　　　ところ．
　　　　アグス：あー，日本らしいところね．
　　　　ファン：そうそう！　日本らしいところ．だけど京都，奈良はもう行っ
　　　　　　　　たし……．　　　　　　　　　　　　　　　　　　　　[10]
　マドレーヌ：あ，金沢はどうかな．この間ホストファミリーのお父さんから
　　　　　　　　聞いたんだけど，金沢はいいらしいよ．
　　　　アグス：どれどれ，さっそくネットでチェック……．
　　　　ファン：なに？　伝統工芸でチェックしているの？　さすがアグス．
　　　　アグス：輪島塗，九谷焼……．　　　　　　　　　　　　　　　　[15]
　マドレーヌ：わー，すごくきれい．
　　　　ファン：ん？　ここだと輪島塗体験も，九谷焼体験もできるみたい．
　　　　アグス：いいねー．金沢から電車で30分くらいだって．
　マドレーヌ：行ってみたい！　ね，金沢にしようよ！
　　　　ファン：賛成．だけど，金沢まではどうやって行くのかな．　　　[20]
　　　　アグス：新幹線で2時間くらいで行けそう？
　　　　ファン：え？　2時間で行けるの！
　　　　アグス：いやいや，行けそうかなって言ったんだけど．
　マドレーヌ：待って，見てみる．えっと……東京から2時間半くらいだそ
　　　　　　　　うよ．　　　　　　　　　　　　　　　　　　　　　　[25]
　　　　ファン：あ，じゃあ，移動の時間もまあまあかな．
　マドレーヌ：ん？　あと，食べものもおいしいものも食べられそう……．
　　　　ファン：どれどれ？　わー，きれいな和菓子．おいしいそうだね．

アグス：ん？　だれに聞いたの？

　　ファン：だれにも．食べるのがもったいないくらい．　　　　　　　　［30］

　マドレーヌ：あ，おいしそう，でしょ．金沢は，茶の湯でも有名らしいよ．
　　　　　　　ほら，こんなに情報がある．

　　アグス：いいねー，決まり！

例題 ①

　モデル会話の中から，教授項目１「しそうだ」「するようだ」「するみた
いだ」（様態と否定）を探し出しましょう．また，初・中級日本語教材
として，どのような意図でそれらが配置されているかを考えましょう．

例題１の解答例

教授項目１の出現箇所……3 行目「日本のようなところがいいなあ……．」，17
行目「九谷焼体験もできるみたい」，21 行目「新幹線で 2 時間くらいで行け
そう？」，23 行目「行けそうかなって言ったんだけど」，27 行目「食べもの
もおいしいものも食べられそう……」，28 行目「おいしいそうだね」，31 行
目「あ，おいしそう，でしょ」

教授項目１の配置の意図……学習者だけの会話ですが，「日本のようなところ」
を 8 行目で「日本らしいところ」に，また「おいしいそう」を 31 行目で
「おいしそう」と訂正するなど，ピア・ラーニングも捉えながら，学習者の
注意喚起を促すように推測表現が配置されていると考えられる，など．

問題１

　モデル会話から，教授項目２「するらしい」「するそうだ」「するようだ」
（様態と伝聞の間）を探し出しましょう．例題１を参考にしながら，そ
れぞれの出現箇所，配置の意図をまとめましょう．

■日本語を分析する1≫「しそうだ」「するようだ」「するみたいだ」（様態と否定）

　先ほどのモデル会話を使って教授項目を授業で扱うとき，日本語教師はど
のような点について留意すると思いますか．例題を使って考えていきましょ

う.

日本語教育の視点から，教授項目1「しそうだ」「するようだ」「するみたいだ」（様態と否定）に関する会話が示唆することは何でしょうか．以下の例文1）と2）をもとにして，気づいたことを挙げましょう.

〈例文〉

1）A さんのような人と友だちになれてうれしい.

2)?【学生の B さんについて】B さんは学生のようなところがあっていいですね.

3)?【日本人の C さんに向かって】C さんの考え方って日本人のようじゃないんだよね.

4）この写真のケーキ，おいしくなさそう…….

5）この雨，なかなかやみそうにないですね.

例題 2 の解答例

例文 1）で気づいたこと……たとえば，A さんが友だちとして好ましいという意味で自然だ，など.

例文 2）で気づいたこと……たとえば，学生である B さんが学生ではないという意味になり，不自然だ．母語話者であれば，「いかにも学生らしいところがある」などと言うところだと思われる，など.

問題 2

例題2の例文3）～5）をもとにして，気づいたことをそれぞれ挙げましょう.

日本語教育の視点で見ると？

　日本語には，話し手が目の前の状態や出来事をもとに推論して導いた，推測や判断を表す形式がたくさんあります．たとえば，第3課で考えた「～と思う」「～かもしれない」「～だろう」などはその典型的な表現です．これらは話し手の判断を表す形式と言われます．話し手が物事や事態をどう捉え

たかを表す文法範疇を「モダリティ」と呼びます．話し手が根拠とする出来事や情報をどのような態度で捉えているか（確信を持っている，可能性を述べているなど）を表します．モダリティを表す形式はどの言語にもありますが，日本語は比較的数が多く，それらの微妙な違いは日本語学習において高いハードルの1つになっています．この課のモデル会話にもいろいろなモダリティ表現が出ており，(1)のように，学習者（マドレーヌ，ファン，アグス）にはそれらの使い分けは難しいようです．

(1) マドレーヌ：ん？　あと，食べものもおいしいものも<u>食べられそう</u>
　　　　　　　　……．
　　ファン：どれどれ？　わー，きれいな和菓子．<u>おいしそうだ</u>
　　　　　　<u>ね</u>．
　　アグス：ん？　だれに聞いたの？
　　ファン：だれにも．食べるのがもったいないくらい．
　　マドレーヌ：あ，<u>おいしそう</u>，でしょ．金沢は，茶の湯でも<u>有名ら</u>
　　　　　　　　<u>しいよ</u>．

　日本語母語話者はこれらの表現を適切に使い分けますが，いざ学習者に説明しようとすると，なかなか難しいことに気がつきます．考える手がかりとして，(2)と(3)のBを見てください．

(2) 【レストランの写真付きメニューを見て】
　　A：これ，季節のお薦め料理ですね．
　　B：<u>おいしそう</u>ですね．／*おいしい<u>よう</u>ですね．／*おいしい<u>みた</u>
　　　　<u>い</u>ですね．／*おいしい<u>らしい</u>ですね．
(3) 【ラーメン店の前の客の行列を見て】
　　A：ずいぶん長い列ですね．
　　B：人気が*あり<u>そう</u>ですね／ある<u>よう</u>ですね／ある<u>みたい</u>ですね／
　　　　*ある<u>らしい</u>ですね．

ここでは，まず(2)や(3)のBの発話にみられる「～しそうだ」「～ようだ」「～みたいだ」などの話し手の判断や推測を表す形式について考えます．その前に，それぞれの語形変化を押さえましょう．「～しそうだ」の「そうだ」は，「おいしい」などのイ形容詞の語幹「おいし」，「元気だ」などのナ形容詞の語幹「元気」，そして「雨が降る」などの動詞の語幹「降り」につ

いて，それぞれ「おいしソウダ」「元気ソウダ」「雨が降りソウダ」の形にする接辞で，表記はソウダではなく，-ソウダが適切です．以下そのように表記します．-ソウダが名詞を修飾すると，「おいしそうなケーキ」のように「-ソウナN」となり，動詞を修飾すると，「おいしそうに食べる」のように「-ソウニV」になります．

一方，ヨウダは，「子どもだ」などの名詞述語は「子どもノヨウダ」となり，「元気だ」などのナ形容詞述語は「元気ナヨウダ」となり，それ以外は「降るヨウダ」「大きいヨウダ」「雪が降ったヨウダ」などと，普通体の述語に付きます．ヨウダが名詞を修飾すると「〜ヨウナN」（例「夏のような天気」），動詞や形容詞を修飾すると「〜ヨウニ述語」（例「夏のように暑い」「魚のように泳ぐ」）となります．

ミタイダは，「子どもだ」などの名詞述語は「子どもミタイダ」となり，「元気だ」などのナ形容詞述語は「元気ミタイダ」となり，ヨウダと同様に，それ以外は述語の普通体に付きます．上と同様にミタイダが名詞を修飾すると，「〜ミタイナN」（例「先生みたいな人」），動詞や形容詞「〜ミタイニ述語」（例「夏みたいに暑い」「魚みたいに泳ぐ」）となります．

シソウダの用法の整理

まず，-ソウダを考えましょう．（2'）と（4）を見てください．

(2')【レストランの写真付きメニューを見ながら】
　　A：これ，季節のお薦め料理ですね．
　　B：ええ．おいしそうですね．
(4)【窓の外を見て】
　　寒そうだ．／風が強そうだ．／雨が降りそうだ．

（2B）が「おいしそうだ」と判断するには根拠が必要です．-ソウダが形容詞に付く場合は，ある対象の外観から受ける印象を根拠にして，その対象の性質を推測して述べる表現になります．まだ食べたことがないので，本当においしいかどうかは分かりません．食べてみたら外見の印象と違っている場合，「見たところおいしそうですが，実はあまりおいしくありません」と言うことができます．（4）も同様で，窓の外の状況から受ける印象をもとにして外の状態を推測しています．

ただし，（5a）のように，外観にその対象の属性がはっきりと現れている場合は，-ソウダは使えません．一方，（5b）は属性が一目瞭然ではないので，

-ソウダを付けることができます.

 (5) a. 田中さんは *美し<u>そうだ</u>／*目が大き<u>そうだ</u>.
    b. 田中さんは 暇<u>そうだ</u>／気分が悪<u>そうだ</u>.

また，（6）のように，-ソウダが変化や動きを表す動詞に付くと，その変化
や動きがこれから起きる兆候があるということ，つまり予兆を表します.

 (6) a. 【窓の外を見て】雨になり<u>そうだ</u>.
    b. 【電車の棚の上を見て】あ，荷物が落ち<u>そうだ</u>.
    c. 【上着のボタンを見て】ボタンが取れ<u>そうだ</u>.

ただし，たとえば（7a）のように，話し手の意志でコントロールできる動き
を表す動詞には使えません．一方，状態を表す動詞や動詞の可能形，またナ
ル動詞は使えます，たとえば，（7b）のように，週末に休養の時間を取る可
能性を予兆する何らかの根拠があれば「休む」の可能形の「休める」に -ソ
ウダが付けられます.

 (7) a. *週末はゆっくり休み<u>そうだ</u>.
    b. 週末はゆっくり 休め<u>そうだ</u>／休養でき<u>そうだ</u>／余暇の時間がと
     れ<u>そうだ</u>.

-ソウダが表す予兆や兆候がないこと，つまり否定はどうなるでしょうか.
形容詞の場合は，-ソウデハナイと -ナサソウダの2通りの言い方があります.

 (8) a. この果物は甘<u>そうではない</u>. ／あの子は元気<u>そうではない</u>.
    b. この果物は甘<u>くなさそうだ</u>. ／あの子は元気<u>じゃなさそうだ</u>.

しいて2つの意味の違いを言うとしたら，（8a）は「甘そうだ」という判断
ができないことを表し，（8b）は「甘くない」と判断したとなるでしょう.
 （9）が示すように，動詞の否定の場合は，-ソウジャナイではなく，-ソウ
ニナイ，-ソウモナイなどで，動詞が表す変化や動きへの予兆がないことを
表現するか，（9c）のように -ナサソウダで変化や動きがないことを予兆す
るという表現になります.

(9) a. *雨が降り<u>そうじゃない</u>.
    b. 雨が 降り<u>そうにない</u>／降り<u>そうもない</u>／降り<u>そうにもない</u>.
    c. 雨が降ら<u>なさそうだ</u>.

ヨウダとミタイダとの用法の整理

（3）Bのような例では，目に入った情報が何らかの兆候や予兆ではないため‐ソウダは使えませ．しかし，ヨウダとミタイダを使うと，その情報が結果だと考えられるような原因や理由を推測することができます．

(3')【ラーメン店の前の客の行列を見て】
    A：ずいぶん長い列ですね.
    B：人気が *あり<u>そうですね</u>／ある<u>ようですね</u>／ある<u>みたいですね</u>.

ヨウダとミタイダの違いは，一般的に文体の差で，書き言葉や改まった話し言葉ではヨウダが，くだけた話し言葉では専らミタイダが使われます．意味的な違いはないので，この2つをヨウダで代表して話を進めます．適宜，ヨウダをミタイダに置き換えて確認してください．

シソウダとヨウダのまとめ

（2'）のように，何らかの兆候から推測する‐ソウダは「おいしそうですが，実はおいしくありません」と言えますが，何らかの状況に基づいて推論した結果の判断を表すヨウダは「*おいしいようですが，実はあまりおいしくありません」とは言えません．また逆に，（3'）では‐ソウダは使えず，ヨウダは可能で，「人気があるようだ」という判断は何らかの根拠，店の前に客の行列を見かける，店から出てきた客が満足そうな顔をしている，いつも満員だとか，何らかの情報に基づいて話し手が推論した結果です．次の例も，ヨウダは【　】が示す状況に基づいて推論した結果を表すことが分かります．

(10) a. 【通勤電車で居眠りしている人を見て】疲れている<u>ようだ</u>.
     b. 【深夜，受験生の部屋の明かりに気づいて】まだ勉強している
        <u>ようだ</u>.

ヨウダの否定はヨウデハナイですが，そもそもヨウダが何らかの根拠に基づく話し手の推論の結果を示す表現ですから，否定の形はあまり使われません．

（11)??まだ帰宅しているようではない．／まだ帰宅していないようだ．

　また，ヨウダ（ミタイダ）は，何かを他のものに例える用法，つまり比喩の用法があります．

（12）a.　田中さんと山田さんは兄弟のようだ．
　　　　　　⇒兄弟のように似ている．
　　　b.　あの子は人形のようだ．
　　　　　　⇒人形のようにかわいらしい．
　　　c.　あの人の家はお城のようだ．
　　　　　　⇒お城のように立派だ．

　副詞で比喩か推論かを表し分けることができます．推論表現の場合は「どうやら」「どうも」と共起し，比喩表現の場合は「まるで」と共起します．

（13）a.　あの学生は，どうやら日本人のようだ．
　　　　　　⇒推論：日本人の可能性がある．
　　　b.　あの学生は，まるで日本人のようだ．
　　　　　　⇒比喩：日本人ではない．

（13a）は推論の例で，話し手は「あの学生」が留学生か日本人学生か知らないことが伝わります．（13b）は比喩の例で，話し手は「あの学生」が留学生であることを知っています．

シソウダとヨウダとミタイダのまとめ
　3つの表現についてまとめましょう．

　-ソウダ：形容詞や動詞，名詞述語の語幹に付く接辞 -ソウにダが付いたもので，形容詞に付くと，ある対象の外観の兆候をもとにその対象の属性を推測したことを表し，動きや変化を表す動詞に付くと，その動きや変化の予兆があることを表す．
　ヨウダ　：普通体の述語について，何らかの情報を根拠に推論した結果を述べる用法と，あるものを他のものに例える比喩の用法がある．前者は「どうも」「どうやら」と，後者は「まるで」という副詞と共起する．

ミタイダ：ヨウダと基本的に同じだが，専ら話ことばで使われる．

日本語教育の実践に向けて

　実際の授業では，話し手の推論の根拠となるものの性質を明らかにして練習することが求められます．-ソウダは，見かけ，音，においなど，五感に訴える兆候が根拠となり，ヨウダは推論が必要な情報が根拠となります．2つの使い分けが理解しやすくなるような根拠を示して，練習を工夫してください．なお，(1)(2)(3)のラシイについては，次の教授項目2で考えます．

■日本語を分析する2≫「するらしい」「するそうだ」「するようだ」(様態と伝聞の間)

> **例題 ③**
>
> 日本語教育の視点から教授項目2「するらしい」「するそうだ」「するようだ」(様態と伝聞の間)に関する会話が示唆することは何でしょうか．以下の例文1)をもとにして，気づいたことを挙げましょう．
>
> 〈例文〉
> 1) この問題，難しそうだけど，簡単だそうだよ．
> 2)?A さん，広告を見たんですけど，A さんの本，来月出版されそうですね．
> 3) A さん，広告を見たんですけど，A さんの本，来月出版されるようですね．
> 4) 留学することに決めたそうですね．先生からそう聞きました．
> 5)?この雲の様子だと，今日は雨が降らないそうです．

例題3の解答例

例文1)で気づいたこと……たとえば，教授項目1と2の表現を適切に使って，目の前の問題の視覚情報から受ける印象が伝聞情報と異なるということを伝える文で，自然だ，など．

例題 3 の例文 2）〜5）をもとにして，気づいたことをそれぞれ挙げましょう.

日本教育の視点で見ると？

　教授項目 1 の例文（1）（2）（3）に出てきたラシイは，一番難しい項目です. ラシイの解釈はときには様態を表すヨウダ・ミタイダに近づき，ときには伝聞を表すソウダに近づくと言われます. 次の例を見てください.

（1）a. 事故で通行禁止になった<u>そうだ</u>.（伝聞）
　　 b. 事故で通行禁止になった<u>らしい</u>.
　　 c. 事故で通行禁止になった<u>ようだ</u>.（様態）

　まず，（1a）のソウダについて考えます. このソウダは，教授項目 1 の -ソウダではありません. だれかから聞いて，あるいは何かで読んで入手した情報を客観的に伝える表現で，「伝聞のソウダ」と言われます. 伝聞のソウダは，話し手の個人的な見解ではなく，客観的な情報であることを表します.

　（1b）のラシイは，「伝聞のソウダ」と「推論のヨウダ」の中間に位置する用法で，解釈は文脈に依存する場合が多いです. また，何かの典型的な性格や特徴を表す N ラシイという表現もあります. たとえば，「日本人らしい人」「子どもらしい振る舞い」などがそれです. この課のモデル会話にも，ラシイの異なる用法が観察されます.

　（1c）のヨウダは，教授項目 1 で考えたように，何らかの情報を根拠に話し手が推論した結果を表します. 話し手は聞いたこと，あるいは読んだことを客観的に伝えているのではなく，何かを根拠に自分自身で推論して導いた結論を表現している点で，主観的な表現です.

（2）ファ　　ン：そうじゃなくって，日本の伝統的な雰囲気がたっぷり
　　　　　　　　　楽しめるところ.
　　　アグ　　ス：あー，<u>日本らしい</u>ところね.
　　　……
　　　マドレーヌ：あ，金沢はどうかな. この間ホストファミリーのお父
　　　　　　　　　さんから聞いたんだけど，<u>金沢はいいらしいよ</u>.

ここではこの 3 つの形式について考えます.

伝聞のソウダの用法の整理

　伝聞のソウダの基本的な機能は，聞いたり読んだりした情報を伝えることで，いわゆる引用に似ています.（3）のように，「〜によると・によれば」「〜の話では」などを伴い，情報源を明示することが可能です.（3）はそれぞれ（3'）に近い意味を表しますから，話し手の主観的な判断は入り込みません.

　（3）a. 新聞によると，昨夜の大雨で土手が一部決壊したそうだ.
　　　 b. 友だちの話では，山本先生の講義は面白いそうだ.
　（3'）a. 新聞に昨夜の大雨で土手が一部決壊したと書いてあった.
　　　 b. 友だちが山本先生の講義は面白いと言った.／友だちから山本先生の講義は面白いと聞いた.

ヨウダ，ラシイ，伝聞のソウダと情報源の関係

　（1b）のラシイは，ソウダとヨウダの真ん中あたりという印象があります.

　（4）田中さんは来年留学するらしい.

（4）は，伝聞を表す「田中さんは来年留学するそうだ」と何らかの情報をもとにした話し手の推量を表す「田中さんは来年留学するようだ」のどちらにも重なる表現だと言えます.伝聞ソウダに近ければ客観的な情報となり，ヨウダに近ければ話し手の主観的な判断に基づく意味になります.

　話し手と情報源の関係について考えましょう.伝聞ソウダの情報源は，話し手の外にありますが，ヨウダの情報源は話し手自身に関することでも可能で，話し手自身の状況について述べるときにその違いが現れます.

　（5）足が痛い.歩き過ぎたようだ／?歩き過ぎたらしい／*歩き過ぎたそうだ.

自分自身の感覚を根拠に自分の体調について推測する場合，ヨウダが最も適切で，伝聞ソウダは非文になります.ラシイは，人によって適切かどうかの判断に揺れがあります.

　ラシイは伝聞ソウダに近く，話し手は情報源が外にあることを示している

と考えられますから，文脈によっては無責任に聞こえます．

(6)【家庭訪問で】
　　担任教師：お子さんは，ご自宅ではどのような様子でしょうか．
　　親　　　：よく勉強している<u>ようです</u>．／??よく勉強している<u>らしいです</u>．

(7)【店で】
　　客　：どれが似合うかしら．
　　店員：こちらが お似合いの<u>ようです</u>／*お似合い<u>らしい</u>です．

(6)(7)は，親と店員がそれぞれ立場や専門から責任を持って，自分の判断として発言することが求められる文脈です．もちろん断定の「よく勉強しています」「こちらがお似合いです」も可能ですが，断言が躊躇われる場合に，ヨウダは適切で，ラシイは無責任な印象を与えてしまいます．

　どちらも情報源が話し手の外にあるのですが，伝聞ソウダとラシイの違いは何かというと，伝聞ソウダは（8）のように情報源が明らかな場合に，ラシイは（9）のように情報源が不明確な場合に使われます．

(8) 田中さん本人から聞いたんだけど，来年 結婚する<u>そうだ</u>よ／*結婚する<u>らしい</u>よ．

(9) 噂では，田中さんは? 来年 結婚する<u>そうだ</u>よ／結婚する<u>らしい</u>よ．

ラシイと -ラシイと -ッポイ

　次のラシイの文は曖昧です．どのように曖昧か考えましょう．

(10) あの人は留学生<u>らしい</u>．

1つの読みは，話し手が何らかの根拠をもとに「あの人が留学生である」と推測判断したこと，もう1つの読みは，話し手があの人の外見，言動，振る舞いを見て，留学生の典型的な属性を持っていると判断したことです．前者はすでに考えたラシイの例ですが，後者のラシイは名詞について形容詞を作る接辞です．ここでは，前者のラシイと区別して，「-ラシイ」と表記します．N-ラシイは「いかにも」「たしかに」「まさに」などの副詞と共起します．また，ある対象の本質を表すという点で，（11c）のように，ある対象のステレオタイプの表現によく使われます．

（11）a. あの人はいかにも日本人らしい.
　　　b. 彼女の女らしい振る舞いにはいつも感心する.
　　　c. 男らしさ，女らしさ，日本人らしさ，子どもらしさ

　ちなみに，「子どもらしい」に似た表現で「子どもっぽい」があります.
「っぽい」も何かの語を形容詞に変換する接辞ですから，ここでは -ッポイ
で表します. -ッポイは，名詞だけでなく，動詞や形容詞語幹に付きます.
たとえば，「怒る」「忘れる」「飽きる」などの認知や感情の変化を表す動詞
に付くと，その動詞が表すマイナスの状態になりやすい性質であることを表
します. また，「安い」「キザだ」などの属性形容詞や「黒い」「白い」など
の色を表す形容詞に付くと，そのような性質を帯びていることを表します.
そして，「子ども」「水」「粉」などの名詞に付くと，その名詞が表している
ものの状態に近い属性を帯びていることを表します. 全体としてマイナスの
評価を受ける状態を帯びていることを表す接辞です. そこで，-ラシイ，ヨ
ウダとの違いを考えましょう.

　（12）a. 太郎の言動はいかにも子どもらしい.
　　　b. 太郎の言動はとても子どもっぽい.
　　　c. 太郎の言動はまるで子どものようだ.

（12a）は，太郎の言動が子どもの持つ典型的かつ本質的な要素を表してい
るという意味で，太郎は子どもです. （12b）も，太郎の言動が子どもに典
型的に見られる性質を帯びており，幼稚だなどというマイナスの意味を表し，
太郎はその典型が表す年齢より上の場合です. （12c）は比喩のヨウダで，
太郎は子どもではありません.

伝聞ソウダ，ヨウダ，ラシイのまとめ
　ここまでの内容をまとめましょう.

　　伝聞ソウダ：読んだり聞いたりした情報を客観的に伝える. 情報源を表す
　　　　　　　　表現（〜によると・話では，など）と共起する. 情報に対する話
　　　　　　　　し手の心理的距離は遠い.
　　ヨウダ：何らかの根拠に基づいて，話し手が主観的に推測し判断したこと
　　　　　　を表す. 情報に対する話し手の心理的距離は近い.
　　ラシイ：文脈によって伝聞と推量の両方にまたがる表現で，情報に対する

話し手の心理的距離は伝聞ソウダと主観的推測のヨウダの中間であり，文脈によってどちらかの意味に近づく．

日本語教育の実践に向けて

　学習者の指導では，ラシイが最も難しいことが分かります．誰の情報か，どこから得た情報か，話し手が責任を持つべき情報かなどの観点を考慮して分かりやすい状況を設定し，練習を工夫することが求められます．

■教材を作成する１≫ 初・中級の口頭練習

　この課の教授項目についての理解を踏まえて，初・中級レベルの日本語学習者への「口頭練習」を考えます．学習者の反応を促す刺激（キュー）を使いながら，練習を作成しましょう．

例題 ④

教授項目１「しそうだ」「するようだ」「するみたいだ」（様態と否定）を例として，初・中級の日本語学習者向けの口頭練習を考えます．

　1)「シソウダの用法の整理」から「シソウダとヨウダとミタイダのまとめ」まで（176 ～ 180 頁）の要点を意識できるような練習を作成しましょう．
　2) あなたが作った場面と例文を紹介しましょう．

例題 4 の解答例

1) **練習の作成**……見たり聞いたりしたことを根拠に推測する状況を設定したうえで，キューを与える（状況設定の例：状況を描写してください．キューの例：料理の本の写真をみながら，味や作り方など（おいしそうだ，甘そうだ，切り方がむずかしいようだ，だれでも食べられるみたいだ，冷めてもおいしいようだ））．

2) **場面と例文の紹介**……提示した状況について，場面や例文の適切さ，自然さの観点から練習作成者同士で（独習の場合は客観的に）評価する．

教授項目2「するらしい」「するそうだ」「するようだ」（様態と伝聞の間）
を例として，初・中級の日本語学習者向けの口頭練習を考えます．

　　1）「伝聞のソウダの用法の整理」から「伝聞ソウダ，ヨウダ，ラシ
　　　　イのまとめ」まで（182〜185頁）の要点を意識できるような練習
　　　　を作成しましょう．
　　2）あなたが作った場面と例文を練習作成者同士で紹介し合いましょう．

■教材を作成する2≫初・中級のロールプレイ，読解教材，作文課題

　初・中級レベルの日本語学習者に向けて，「ロールプレイ」「読解教材」
「作文課題」を作成します．以下では，次の4つの場面を想定して取り組み
ます．例題ではいずれか1つの場面を用いるので，それを参考にしながら
考えましょう．

①研究会のメンバーとの接触（社会的生活）：研究仲間と新聞やネットの
　情報をもとに経済の行方を推測して話す
②会社の同僚との接触（社会的生活）：会社の同僚と人事異動を話題にし
　てそれぞれの予測を述べる
③近しい日本人や友人との接触（個人の生活）：ゼミ旅行の行き先につい
　てゼミの指導教員，ゼミ生と相談する
④友だちとの接触（個人の生活）：友だちと最近できたレストランや店の
　評判について話す

例題 5

初・中級レベルの日本語学習者のためのロールプレイを考えます．

　1）場面④「友だちと最近できたレストランや店の評判について話す」
　　　を選んでロールカードを作りましょう．
　2）学習者に状況と役割を与え，それらにふさわしい会話を促しまし
　　　ょう．

1）ロールカード……

カード A
あなたは，新しくできた日本料理のレストランの広告を見ました．広告の宣伝用文句や写真からどんな店か想像できますが，行ったことはありません．B さんに行ったことがあるかどうか聞いて，会話をしてください．

カード B
あなたは新しくできた日本料理のレストランで食事をしてみました．どんな店だったか，どんな味だったか，雰囲気などをよく覚えています．A さんの質問に答えてください．

2）**会話の促し**……ロールカードを模擬的に使ってみて，指定された場面と役割に合った自然な会話ができるかといった観点から，練習作成者同士で（独習の場合は客観的に）評価する．

問題 5

場面①～④のうち，いずれかを選んでロールプレイの練習を考えましょう．

例題 ⑥

初・中級の日本語学習者向けの読解教材を考えます．

1）場面③「ゼミ旅行の行き先についてゼミの指導教員，ゼミ生と相談する」で求められる Can-do を考えましょう．
2）この場面に即した読解教材を，学習者のレベルに合った語彙，文型，字数の視点から探しましょう．生教材で学習者のレベルと合ったものが見つからないときは，適切な読解教材を参考にして自分で教材を作成します．その際は，教授項目を適切に組み込んでください．
3）ここで作成した読解教材を使って，どのような授業を展開するか考えましょう．

1) Can-do……学習者が見たり聞いたりした情報を根拠に推測したことを述べることができるようになる．

2) **読み物の例**……

〈メール〉

件名：旅行の相談

ファンさん　マドレーヌさん

アグスです．
今回の金沢旅行での体験，焼き物か塗り物のどっちか1つしかできないと思うんだけど，今のところ，塗り物をやってみたいなと思ってます．それで，輪島塗について，少し調べました．

輪島塗で有名な輪島の町，能登半島の北の方にあるようです．行くなら，半島の一番北まで行ってみたい！
輪島塗は丈夫できれい，ということで有名だそうです．「けやき」という丈夫な木がとれたり，うるしがあったりして，もともと材料がそろっていたらしいです．それに加えて，輪島が，日本海側の船の交通によく使われていたから，昔から商人がよく通るところだったようです．それで，輪島塗が発達して，有名になったらしいです．

初めは塗り物体験をして作品を国に持って帰りたいと思って提案したけど，輪島塗体験は，日本の歴史や文化を知るいいチャンスになりそうだと思いました．
よかったら下のURLを見てください！
http://www.XXXXXXXXXXXXX

アグス

追伸：輪島の朝市というのもあるらしいです．輪島に泊まるのもよさそうです．

---

3) **授業の展開**……1　一緒に読む／2　内容を確認するための質問をする（だれがだれに書きましたか，何について書いていますか，金沢ではどんなことができそうですか，できなさそうですか，など）／3　日本語のメールの構成を確認する．学習者の国・地域の書き方と比較するなど話し合う．

問題6

| 場面①〜④のうち，いずれかを選んで読解教材を考えましょう．

例題 **7**

読んだこと，話したことをもとにして，初・中級の日本語学習者向けの
作文課題を作ります．

　　1）場面③「ゼミ旅行の行き先についてゼミの指導教員，ゼミ生と相
　　　　談する」に関連させた作文課題を考えましょう．
　　2）書き手，読み手，文章のジャンルや目的，文体などの設定を提示
　　　　しましょう．

例題7の解答例

1) **作文課題**……場面③に関連させて，「ゼミ旅行先の情報をメールで伝える」
という課題
2) **各種の設定要素**……書き手（氏名，年齢，性別，出身地域）／読み手（出身
地域，大学，学年）／文章のジャンルや目的（メール，自分で調べた情報を
ゼミのメンバーに伝える，どんなところか，何ができるか，できないか．そ
のほか何でも）／文体（です・ます体），など

問題7

| 場面①〜④のうち，いずれかを選んで作文課題を考えましょう．

■授業をデザインする**》教案づくり**

この課で作成した教材を使って，実際に授業を組み立ててみましょう．

例題 **8**

授業の枠組みを設定し，教案を作成します．ウェブ上の「教案フォーマ
ット」を活用してください．

1）ここまで作成した教材で，学習者に求められる Can-do を確認しましょう．

2）授業形態（人数，学習者情報，教材・教具，教室環境など）を想定しましょう．

3）口頭練習，ロールプレイ，読解教材，作文課題などの活動をどの順で展開するか考えましょう．

4）教授項目をどのように導入するか，説明はどのようなことに注意するかを考えましょう．

5）各活動を行う際，どのような指示を出すかを考えましょう．

例題 8 の解答例

1）**Can-do ～** 5）**指示**……ウェブ上の「第 1 課の教案例」，「第 2 課の教案例」を参照のこと．

問題 8

| 場面①～④のうち，いずれかを選んで教案を作成しましょう．

10 自身の行動や状況を説明する表現

「V- ている」と「V- てある」をいつ・どう使う？

■授業の準備をする≫ ゴールと教授項目

あなた自身の行動や発話の場の状況を描写するとき，「ている」や「てある」を使うことがあります．このような表現を使った例文として，どのようなものが頭に浮かびますか．日本語の初級教科書では，進行中の動作を表す「今勉強している」のほかに，「電気がついている」「電気がつけてある」など，状況描写の使い分けを示す例文が紹介されます．

この課では，このような行動や状況を描写するときに使う表現を取り上げ，それらが実際に使われる場面を分析しながら，日本語教育にどのように応用するかを考えていきます．まずはこの課のゴールと教授項目を確認しましょう．

ゴール

自身の行動や状況を説明する際の文法について，学習者に適切な理解を促すための授業ができる．

教授項目

1 「V- ている」と「V- てある」
2 「V- てしまう」「V- たところだ」「V- たばかりだ」

■日本語を振り返る≫ 設定場面「ホームパーティの準備をする」

　日常生活で上の文法・文型がどのように使われるか，例を通して確かめます．以下のモデル会話は，初・中級レベルを想定したもので，「ホームパーティの準備をする」という場面で作成されています．これを読んで，後の問いに答えましょう．

〈モデル会話──ホームステイ先で〉

山本かおる：ただいまー！　　　　　　　　　　　　　　　　　　　　　　　[1]

マドレーヌ：ただいまー！

山本かおる：マドさん，荷物，そこに置いて．重かったでしょう？

マドレーヌ：いえ，大丈夫です．ここでいいですか．【荷物を置く】

　山本洋平：今日は，マドさんの友だちは何人来るんだって？　　　　　　　[5]

山本かおる：全部で 6 人って言っていたかしら．

　山本洋平：何回かホストファミリーをやったけど，こういう企画は初めて
　　　　　　だなあ．

山本かおる：そうね．せっかくですから，楽しみましょう．

　山本洋平：洗面所のそうじは……．　　　　　　　　　　　　　　　　　[10]

マドレーヌ：もうしています．

山本かおる：マドさん，もうしてあります，でしょ．あの，出かける前にマ
　　　　　　ドさんが，やってくれたのよ．

　山本洋平：そっか．ありがとう．じゃあ，わたしは外でも見てくるか．

【家の中に戻ってきて】　　　　　　　　　　　　　　　　　　　　　　　　[15]

　山本洋平：外，ずいぶん葉っぱが落ちてるなー．

マドレーヌ：え，そうですか．さっきそうじしてしまいました．

山本かおる：ん？　あー，そうそう．朝そうじしたばかりなのよね．

マドレーヌ：はい．でも，今日は風がありますから．わたし，もう 1 回そ
　　　　　　うじしてきます．　　　　　　　　　　　　　　　　　　　　[20]

　山本洋平：マドさん，ありがとう！　あとは……，料理か．飲み物は大丈
　　　　　　夫かな．

山本かおる：ワイン，ビール，ジュース，お茶，たくさん買ってありますか
　　　　　　ら，大丈夫．サラダも，前菜もばっちりよ．

　山本洋平：じゃ，あとはホストファーザーご自慢のスペアリブを焼くだけ　[25]
　　　　　　だな．どれどれ……【冷蔵庫を開ける】あれ？　肉はどこか
　　　　　　な……．

山本かおる：お肉？　洋平さんが買ってくるって言ってませんでしたっけ？

山本洋平：あ……，しまった．昨日の夜，買ってくるって言っていたのに，

忘れちゃったよ．こまったなー．買ってきてくれない？　　　[30]

山本かおる：もー，洋平さんたら．わたしとマドさん，今買い物から戻った

ところなんだから，次は洋平さんが行ってきて．はい，急いで，

急いで！

例題 ①

モデル会話の中から，教授項目1「V- ている」と「V- てある」を探し
出しましょう．また，初・中級日本語教材として，どのような意図でそ
れらが配置されているかを考えましょう．

例題1の解答例

教授項目1の出現箇所……11 行目「もうしています」，12 行目「もうしてあり
ます，でしょ」，16 行目「外，ずいぶん葉っぱが落ちてるなー」，23 行目
「たくさん買ってありますから，大丈夫」

教授項目1の配置の意図……11 行目の学習者の誤用「しています」を 12 行目
に母語話者が「してあります，でしょ」と訂正していて，この教授項目に学
習者の注意を喚起するように配置されていると考えられる，など．

問題1

モデル会話から，教授項目2「V- てしまう」「V- たところだ」「V- たば
かりだ」を探し出しましょう．例題1を参考にしながら，それぞれの出
現箇所，配置の意図をまとめましょう．

■日本語を分析する1≫「V- ている」と「V- てある」

先ほどのモデル会話を使って教授項目を授業で扱うとき，日本語教師はど
のような点について留意すると思いますか．例題を使って考えていきましょ
う．

日本語教育の視点から，教授項目1「V-ている」と「V-てある」に関する会話が示唆することは何でしょうか．以下の例文1) をもとにして，気づいたことを挙げましょう．

〈例文〉
1) 【出かけた先で】
　A：ねえ，バターのストック，家にあるかな？
　B：?大丈夫，買っているから，今日は買わなくていいよ．
2) A：Cさんの住所，分かる？
　B：大丈夫．携帯に入れてあるから．
3) A：あれ！　みんなケーキ食べたの？　私の分がないじゃん！
　B：?大丈夫，とっている．冷蔵庫の中を見てごらん．
4) A：あ，部屋の電気が消えてる．
　B：消えてるんじゃなくて，消してあるの．節電でしょ．
5) A：あ，タクシーお願い．
　B：?大丈夫です．呼んでいます．

例題 2 の解答例

例文 1) で気づいたこと……B は日本語学習者にときどき見られる誤用で，日本語母語話者なら「買ってあるから」と「てある」を使うだろう，など．

| 問題 2 |

例題 2 の例文 2) 〜 5) をもとにして，気づいたことをそれぞれ挙げましょう．

日本語教育の視点で見ると？

　日本語には，テイル，テアル，テミル，テオク，テシマウなど，動詞のテ形に補助動詞を付けて，動きや活動のさまざまな側面を言い表す形式がたくさんあります．中でも，テイルとテアルの使い分けは日本語学習者にとって習得が難しい項目の1つです．テイルもテアルも，基本的にはいろいろな動詞について何らかの状態の継続を表すため，結果として，（1）のように2

つの意味がとても近くなることがあります．これが学習者（マドレーヌ）の理解を妨げることがあります．（2）のように，この課のモデル会話にも難しさが窺えます．ここではこの2つの形式の異同について考えます．

(1) a. 部屋の窓が開いている．
    b. 部屋の窓が開けてある．
(2) 山 本 洋 平：洗面所のそうじは……．
    マドレーヌ：もうしています．
    山本かおる：マドさん，もうしてあります，でしょ．

テイルの用法の整理

まず，テイルの基本的な用法を整理しましょう．テイルの基本的な用法は「継続」ですが，前接する動詞の種類によって，継続の意味が多少異なります．たとえば，（3）のような，だれかの動作や行為を表す動作動詞に付くと，発話の時点より前に開始したある動作の継続を表します．

(3) a. 父は書斎で本を読んでいます．
    b. 私は，昨日の午後，図書館で勉強していました．
    c. 妹は，今，宿題をしています．
    d. 弟は，まだ寝ています．

また，（4）のように自然現象を表す動詞に付くと，発話時以前に始まった自然現象の継続を表します．

(4) a. 今朝からずっと雨が降っています．
    b. 昨日は一日中，雪が降っていました．
    c. 台風で，強風が吹いています．

　一時的な変化を表す，いわゆる変化動詞に付くと，（5）のようにその変化が起こった結果の状態が続いていることを表します．

(5) a. 窓ガラスが割れている．
    b. 部屋の鍵がかかっている．
    c. 湖が凍っている．

（6）のように，「行く，来る」などの移動動詞に付くと，ある主体が移動した結果，到達した場所に存在していることを表します．何かが存在するということは，ある事態が続いているということです．

（6）a. 姉は出張でアメリカに行っ<u>ています</u>．
　　　b. 注文した本が届い<u>ています</u>．
　　　c. 友だちの結婚式の招待状が来<u>ています</u>．

このようにテイルの基本は継続ですが，（7）のようにいろいろな副詞で【　】に記した派生的な意味を表し分けることもできます．

（7）a. 兄は，<u>これまで 3 回</u>，中国に出張し<u>ています</u>．【経験，経歴】
　　　b. <u>昨夜</u>，隣の人が，あやしい物音を聴い<u>ています</u>．【経験，経歴】
　　　c. 友だちは，<u>毎日／週 3 回／よく</u>，ジムで筋トレをし<u>ています</u>．【習慣】
　　　d. <u>子どものころ，毎週</u>，公園で友だちとキャッチボールをし<u>ていた</u>．【習慣】

テアルの用法の整理
　次は，テアルを整理しましょう．「ある」は状態動詞で，基本的に他動詞について，その動詞が示す動作や変化の結果が継続することを表します．また，「～が～テアル」と「～を～テアル」の形が可能です．例を見ましょう．

（8）a. 窓 が／を 開け<u>てある</u>．
　　　b. テーブルに料理 が／を 並べ<u>てある</u>．
　　　c. エアコン が／を つけ<u>てある</u>．

　「～が～テアル」と「～を～テアル」の意味は多少異なります．ガ格は他動詞の働きかけの産物である対象そのものに注目した捉え方で，「窓が開いテイル」に近く，ヲ格は「動作主ガ対象ヲ他動詞」という動作主の動き全体に注目した結果の捉え方です．ですから，（9ab）のような「作る」「書く」など動作の結果生じるものをヲ格にとる動詞（作成動詞）は，結果が産物として認められるのでガ格表示が自然ですが，（9c〜e）では適切性に違いがあります．

（9）a. お弁当 が／を 作って<u>ある</u>.

　　 b. 教科書に名前 が／?を 書いて<u>ある</u>.

　　 c. 使用説明書 *が／を 読んで<u>ある</u>ので，すぐ使えます.

　　 d. 会議で話すこと ?が／を 考えて<u>ある</u>ので，心配ありません.

　　 e. 花粉症の薬 *が／を 飲んで<u>ある</u>ので，今日は大丈夫です.

　「使用説明書を読む」「話すことを考える」「薬を飲む」などは，「使用説明書を読んで得た情報が頭に残っている」「考えた結果が記憶に残っている」「飲んだ薬の効力が残っている」という意味になり，他動詞が表す行為の対象のみに注目するガ格ではなく，対象を含む行為全体に注目するヲ格のほうが自然です.

　テアルは自動詞にも付きます．テアルが付く動詞は限られているのですが，（10）のような文が可能です．いずれも，何らかの行為の効果が継続していることを表します．（10a）は十分な睡眠から得たエネルギー，（10b）はある行為の繰り返しを通して得た情報などが持続していると言えそうです.

（10）a. 今日は十分<u>寝てある</u>から，仕事中に眠くならないだろう.

　　　 b. この道は何度も<u>歩いてある</u>から，途中の風景をよく知っている.

テイルとテアルの使い分け

　テイルとテアルをまとめたところで，この2つの意味が近くなる場合を考えます．2つの形式の意味は，「開く／開ける」「付く／付ける」「かかる／かける」などの対をなす自動詞と他動詞，いわゆる有対自他動詞の場合に近づきます．有対自他動詞は同じ出来事を描写しますが，自動詞は何がどうなったかに注目し，他動詞は誰が何をしたかに注目する動詞です．例を見てみましょう.

（1'）a. 部屋の窓が開いて<u>いる</u>.

　　　 b. 部屋の窓 が／を 開けて<u>ある</u>.

（11）a. テレビがついて<u>いる</u>.

　　　 b. テレビ が／を つけて<u>ある</u>.

（12）a. 部屋の鍵がかかって<u>いる</u>.

　　　 b. 部屋の鍵 が／を かけて<u>ある</u>.

（1'）（11）（12）のaは自動詞テイル文，bは他動詞テアル文です．aもbも，

何らかの動きが完了した結果の状態が継続していることを表しますが，自動詞テイルは変化の結果の残存の状態に注目した捉え方で，他動詞テアルは何かの目的で動作主が対象に働きかけ，その働きかけとその結果全体に注目した捉え方と言ってよいでしょう．自動詞テイル文は，客観的な状態描写と言えますが，他動詞テアル文は，だれかが何かのために意図的にその行為を行ったというような，動作主の存在と意図が含意されます．

　この違いは，たとえば，泥棒に入られた人が，帰宅して発見した部屋の状態を思い出しながら警察官に報告するような場面で明らかです．（13）と（13'）を比べてください．観察した状態を客観的にありのままに描写する場合には，動作主の意図や目的を含意する他動詞テアル文は適しません．

> （13）うちに帰ったら，ドアが<u>開いていて</u>，<u>鍵が壊れていました</u>．出かけるときに閉めた窓も<u>開いていた</u>し，テレビも<u>ついていました</u>．
> （13'）???うちに帰ったら，ドアが<u>開けてあって</u>，<u>鍵を壊してありました</u>．出かけるときに閉めた窓も<u>開けてあった</u>し，テレビも<u>つけてありました</u>．

　一方，動作主の目的と意図が明らかな場合には，他動詞テアル文のほうが自動詞テイル文より自然です．たとえば，旅館の人が客を部屋に案内するような場面では，（14）の他動詞テアル文は，（14'）の自動詞テイル文より自然で，旅館の人の客に対する配慮が伝わります．

> （14）お部屋の窓は<u>開けてあります</u>が，風が強すぎましたら，お閉めください．それから，空調は<u>消してあります</u>が，お好みに調整なさってください．
> （14'）???お部屋の窓は<u>開いています</u>が，風が強すぎましたら，お閉めください．それから，空調は<u>消えています</u>が，お好みに調整なさってください．

日本語教育の実践に向けて

　以上のように自動詞テイル文と他動詞テアル文は，同じ状態の描写でも話し手の捉え方と発話意図が異なります．どのようなときに客観的な状態描写が適切か，どのようなときに動作主の意図や目的を含意することが適切かが学習者に伝わるような練習を組み立てることが大切です．学習者にとって2つの違いが明らかになるような，分かりやすい状況設定をして練習を工夫し

てください.

■日本語を分析する2 ≫「V- てしまう」「V- たところだ」「V- たばかりだ」

例題 **3**

日本語教育の視点から，教授項目 2「V- てしまう」「V- たところだ」
「V- たばかりだ」に関する会話が示唆することは何でしょうか. 以下の
例文 1）をもとにして，気づいたことを挙げましょう.

〈例文〉
1）【マラソンのゴールの瞬間の写真を見せて】
　?ゴールテープを切ったばかりです.
2）まあ，そんなに叱らないで. A さんは，半年前にこの部署に来
　たばかりなんですから，失敗してもしかたないでしょう.
3）?1 年前にトルコ語の勉強を始めたところですから，まだあいさ
　つもできないんです.
4）A : 昨日勉強したのに，覚えていないの？
　B :?うーん，復習したところなのに，忘れちゃった.
5）A : ただいまー. あれ，あなたも帰ってたんだ.
　B : うん，今帰ってきたとこ.

例題 3 の解答例

例文 1） で気づいたこと……たとえば，ゴールした瞬間の描写としては，ゴー
ルが完結していないような印象を受ける.「ゴールテープを切ったところで
す」のほうがこの瞬間の場面描写として自然だと思われる，など.

問題 3

例題 3 の例文 2）〜 5）をもとにして，気づいたことをそれぞれ挙げま
しょう.

日本語教育の視点で見ると?

　動きや活動のさまざまな側面を言い表す形式の中には，(1) の「てしまう」「たところだ」「たばかりだ」のように，何らかの動作や行動が完結したことを示すものが複数あります．これらの表現がどのように重なり，またどのように異なるかは学習者にとって分かりにくいものです．母語話者は学習者に説明を求められて初めて，その難しさに気づくことが多いようです．この課のモデル会話にも (2) と (3) のようなやりとりがみられます．

(1) a.　今，ゴミを捨て<u>てしまった</u>．
　　 b.　今，ゴミを捨て<u>たところだ</u>．
　　 c.　今，ゴミを捨て<u>たばかりだ</u>．
(2) 山 本 洋 平：外，ずいぶん葉っぱが<u>落ちてる</u>なー．
　　 マドレーヌ：え，そうですか．さっきそうじ<u>してしまいました</u>．
　　 山本かおる：ん？　あー，そうそう．朝そうじ<u>したばかりな</u>のよね．
(3) 山本かおる：今買い物から<u>戻ったところな</u>んだから，次は洋平さん
　　　　　　　　　が行ってきて．

　ここでは，「てしまう」「たところだ」「たばかりだ」の 3 形式の異同を考えましょう．

テシマウの整理

　まず，テシマウを整理しましょう．テシマウの基本的な意味は，何かの行動の完結，完了を表すことです．(1a) もゴミを捨てるという行為が完了した時点での発話です．(4) のように，特に意志動詞に用いられます．話し言葉では，シマウを縮約したチャウが使われることがあります．(1)(4) のようなテシマウは，意志でコントロールできる行為の実現や課題の解決を表すと言われます．

(4) a.　ご飯を 食べ<u>てしまった</u>／食べ<u>ちゃった</u>．
　　 b.　テストまでに 復習を<u>してしまおう</u>／復習を<u>しちゃおう</u>．
　　 c.　今日中にこの本を 読ん<u>でしまおう</u>／読ん<u>じゃおう</u>と思う．

　一方，テシマウには，(5) のように何らかの事態が起こって，それに対する話し手の後悔や残念な気持ちを表す用法があると言われます．多くの場合，話し手の予想や期待に反する事態，話し手が望まない事態が発生したこ

とを表します.

(5) a. 仲が良かった友だちが転校して<u>しまった</u>.
　　 b. インフルエンザで，とうとう学校を休ん<u>でしまった</u>.
　　 c. 頑張って暗記したのに，試験が終わったら，全部忘れ<u>てしまった</u>.
　　 d. 授業中につい居眠りをし<u>てしまった</u>.

この用法は，特に無意志動詞と使われるときに顕著です．話し手の内言では，チャウのほうが使われやすいようです.

(6) a. 【出かけようとしたとき】あ，雨が降ってき<u>ちゃった</u>.
　　 b. あ，皿を落とし<u>ちゃった</u>.
　　 c. あ，おもちゃが壊れ<u>ちゃった</u>.

　以上のように，テシマウには，ある事態の実現や課題の完結を表す用法と，ある事態の実現や発生が話し手の期待に反していることを表す用法があります．テシマウの基本は何らかの動きの終結や変化の完結，そしてその結果生じる事態の出現を明示することで，話し手が終結や出来にスポットライトを当てる事態の評価によって，「完結の読み」と「残念な読み」を表現し分けることができます．例えば，(1a)の「ゴミを捨て<u>てしまった</u>」は，ゴミ捨てという作業を済ませたという，何らかの課題を完結した解放感のような解釈が可能です．また，捨ててはいけないものが入っていたのに，あとで気づいたのであれば，捨てなければよかったというような後悔の解釈も可能です．典型的な完了の解釈以外は文脈に依存すると考えてよいでしょう.

タトコロダの整理

　次は，タトコロダを整理しましょう．まず，トコロダという表現について考えます．「ところ」は場所を表す名詞の「所・処」を語源とする形式名詞で，それに判定詞のダがついてできた文末形式です．トコロダは (7) のように動詞の辞書形，テイル形，タ形に付いて使われ，それぞれ動詞が表す動きや変化の開始直前，継続中，終了直後を表します.

(7) a. 今，テレビニュースを見る<u>ところだ</u>.
　　 b. 今，テレビニュースを見ている<u>ところだ</u>.
　　 c. 今，テレビニュースを見た<u>ところだ</u>. cf. テレビニュースを見終

った.

　トコロは，物理的場所から拡張して何らかの動きや変化を連続した断片と
して捉えたものです．場所名詞の拡張であることは，（7）には「今」という
時の表現が必要なことから分かります．トコロダ文は，時を表す表現，ある
いは時を特定できる文脈が必要です．時の表現のない（7'）を見てください.

　（7'）a．テレビニュースを見る<u>ところだ</u>.
　　　　b．テレビニュースを見ている<u>ところだ</u>.
　　　　c．テレビニュースを見た<u>ところだ</u>.

（7'a）と（7'c）は，それぞれ「テレビニュースを見る場所」「テレビニュー
スを見た場所」の解釈も可能です．トコロダの「ところ」が場所を表す名詞
として機能していることを示唆します．一方，（7'b）は，時を表す表現がな
くても，述語動詞が「ている」で，動作の進行中を表すため，曖昧さが生じ
ません.

　このようなトコロダは，何らかの変化や動きの一局面を捉えて，それを動
画などの一時停止の画像のように切り取る機能があります．ある動きや変化
が始まろうとしている場面を切り取ると「するところだ」に，動きの途中の
一場面を切り取ると「しているところだ」に，動き終わった場面を切り取る
と「したところだ」となります．トコロダで切り取られた画像は，その場面
が一部となるような画像の連続体を前提とすると考えてみましょう．そうす
ると，その場面の前後が暗示されます．この連続体の最後の画像，つまり動
き終わった場面を切り取ったとき，タトコロダがテシマウと重なります.

　「ゴミを捨ててしまった」の解釈の可能性は先に述べたとおりですが，「ゴ
ミを捨てたところだ」は，動作者がゴミ捨ての動きの直後，すなわち動作が
完了した瞬間の場面を表しています．テシマウが動きの完結を点的に表すと
すると，タトコロダはもっと映像的な3次元的な場面の切り取り方です（近
藤・姫野編著 2012，近藤 2018).

タバカリダの整理

　では，（1c）のタバカリダはどのように解釈されるでしょうか．まず，バ
カリダの「ばかり」は動詞の「計る」の連用形「計り」から転成した形式名
詞「ばかり」にダがついた文末形式です．バカリにはもともと（8ab）のよ
うに数量表現についておおよその分量や大体の時間などを表す機能と，（8cd）

のように名詞や動詞のテ形などについてある事態を限定する，とりたての機能があります.

 (8) a. 先日の学生集会には，留学生も 10 名ばかり参加した.
   b. すぐ準備しますので，30 分ばかりお時間をください.
   c. 電車の中でスマホばかり見ている人が多い.
   d. あの子どもはさっきから泣いてばかりいる.
   e. 昼ご飯は食べたばかりだ.

 先述のように，(8e) のタバカリダの解釈はタトコロダの解釈に近づきます. バカリには，ある事態の程度を限定する機能があり，そこから「それ以上にならない（それに過ぎない）」とか「ただそれだけで，他に何もない」といった，少ないとか足りないといった意味が生じます. タバカリダは，何らかの動きが完了したことを聞き手に伝える場合に，話し手がその動きの完了時点から発話時までの時間経過が短いと判断したことを含意します.

タトコロダとタバカリダの比較
 タトコロダとタバカリダを比べてみましょう.

 (2') A ：ずいぶん葉っぱが落ちてるなー.
   B1：今朝そうじしたばかりです.
   B2：*今朝そうじしたところです.

 タトコロダは動きの連続体を前提として，その動きが完了したまさにその場面を切り取った表現です. 一方，タバカリダは出来事の完了から発話時までの時間経過がそれほど長くない，短いとした話し手の判断を表します. 時間副詞「今」が動きの完了時点を明示する (1) では，2 つの表現の違いが見えにくくなりますが，時間副詞「今朝」を伴う (2'B1) と (2'B2) では，動きの完了時に焦点を当てるタトコロダの適切性は低く，完了時から発話時までの時間経過が短いという話し手の判断を表すタバカリダが適切になります. 次の例も見てください. 待ち合わせをしている友人同士の会話です.

 (9)【待ち合わせに遅れた友だちと携帯電話で】
   A ：今，どこ？
   B1：銀行の角を曲がったところ. もうちょっと待ってて.

B2：??銀行の角を曲がった<u>ばかり</u>．もうちょっと待ってて．

　（9）のAの応答としてB1のタトコロダは適切です．B1は「角を曲がった」ところ（場面）にいて，トコロダが前提とする次の場面への速やかな移行をAに暗示することができるからです．一方，B2のタバカリダは，角を曲がってから発話時まで時間が短いという話し手の表現意図を表すだけで，その直後の移動が暗示されないため，Aへの返答として適切とは言えません．この文脈で，タバカリダを使うと，時間の経過が短いことがとりたてられ，結果的に言い訳がましく聞こえる可能性があります．

　ただし，タバカリダで話し手が経過時間を短いと判断する場合の実際の時間にはかなりの幅があるようです．

　（10）　先週／先月，海外旅行から <u>帰ったばかりだ</u>／?帰ったところだ．
　（11）　娘は，昨年，結婚<u>したばかりだ</u>／??結婚したところだ．

（10）（11）のように，1週間前，1月前，1年前の出来事であっても，話し手が発話時までの経過時間を短いと判断したら，タバカリダを使うことが可能です．言い換えると，タバカリダは，話し手が経過時間の短さを含意することを適切とする文脈を必要とします．

タトコロダとタバカリダのまとめ
　以上をまとめると次のようになります．

　　テシマウ：ある事態の実現や課題の完結を表す用法を基本とするが，その実現や完結に焦点を当てることで，それが話し手の期待や想像に反しているという残念な気持ちを表すことがある．
　　タトコロダ：動きの連続体を前提にして，その動きの完了場面を切り取って，その時点での静止画像として提示する．
　　タバカリダ：出来事が完了した時点から発話時点までの時間経過を話し手が短いと把握していることを表す．

日本語教育の実践に向けて
　実際の指導では，テシマウは，済ませるべき作業が終わったという状況と，不可抗力による出来事で話し手自身が責任を持てない状況とを提示させて，2つの用法を練習することが可能です．また，タトコロダは，連続する一連

の場面を文脈として要求しますので，たとえば調理場面やパーティの準備など，何かの作成状況を文脈として役割を決め，進捗状況を時々刻々と報告したり，問い合わせたりするような練習が考えられます．

　この2つに比べると，タバカリダは，話し手の事態の時間経過の捉え方を反映する表現ですから，単純な場面練習はしにくいようです．人によって判断が異なるような時間経過の状況を考えることが必要です．たとえば「この部屋，3日前に掃除したばかりだから，まだきれいだ」と言う人に「え，3日も掃除していないの？」と言う人がいたり，「この牛乳，先週買ったばかりだからまだ飲めるよ」と言う人に「え，1週間も前の牛乳？」と言ったりする練習が考えられます．

■教材を作成する1≫ 初・中級の口頭練習

　この課の教授項目についての理解を踏まえて，初・中級レベルの日本語学習者への「口頭練習」を考えます．学習者の反応を促す刺激（キュー）を使いながら，練習を作成しましょう．

例題 ④

教授項目1「V-ている」と「V-てある」を例として，初・中級の日本語学習者向けの口頭練習を考えます．

　1）「テイルの用法の整理」から「テイルとテアルの使い分け」まで
　　　（195～198頁）の要点を意識できるような練習を作成しましょう．
　2）あなたが作った場面と例文を紹介しましょう．

例題4の解答例

1）**練習の作成**……自身の行動や状況を説明するという状況を設定したうえで，キューを与える（状況設定の例：あなたは部屋を片づけました，お母さんが片づけの状況をチェックします，答えてください．キューの例：掃除機をかける，本を片づける，教科書をしまう，ペンや鉛筆を引き出しに入れる）．
2）**場面と例文の紹介**……提示した状況について，場面や例文の適切さ，自然さの観点から練習作成者同士で（独習の場合は客観的に）評価する．

教授項目 2「V-てしまう」「V-たところだ」「V-たばかりだ」を例とし
て，初・中級の日本語学習者向けの口頭練習を考えます．

　　1）「テシマウの整理」から「タトコロダとタバカリダのまとめ」ま
　　　　で（200 ～ 204 頁）の要点を意識できるような練習を作成しましょ
　　　　う．
　　2）あなたが作った場面と例文を練習作成者同士で紹介し合いましょ
　　　　う．

■教材を作成する 2 ≫ 初・中級のロールプレイ，読解教材，作文課題

　初・中級レベルの日本語学習者に向けて，「ロールプレイ」「読解教材」
「作文課題」を作成します．以下では，次の 4 つの場面を想定して取り組み
ます．例題ではいずれか 1 つの場面を用いるので，それを参考にしながら
考えましょう．

①シンポジウムの関係者との接触（社会的生活）：シンポジウムの準備状
　況を引き継ぐ説明をする
②職場の上司との接触（社会的生活）：待ち合わせに遅れてきた上司の気
　持ちを汲み取って，思いやりをもって対応する
③親しい人物との接触（個人の生活）：新しい環境への適応状況について，
　自分の時間感覚を使って控え目に説明する（友だちと・先生と）
④友だちとの接触（個人の生活）：来客準備の状況について説明する

例題 5

初・中級レベルの日本語学習者のためのロールプレイを考えます．

　　1）場面①「シンポジウムの準備状況を引き継ぐ説明をする」を選ん
　　　　でロールカードを作りましょう．
　　2）学習者に状況と役割を与え，それらにふさわしい会話ができるよ
　　　　うに促しましょう．

1) ロールカード……

カード A
あなたは来週のシンポジウムの実行委
員長です．シンポジウムの実行に必要
な準備を考えて，同僚の実行委員に準
備状況を質問してください．

カード B
あなたは来週のシンポジウムの実
行委員で，準備をしています．実
行委員長の質問に答えてください．

2) **会話の促し**……ロールカードを模擬的に使ってみて，指定された場面と役
割に合った自然な会話ができるかといった観点から，練習作成者同士で（独
習の場合は客観的に）評価する．

問題 5

場面①〜④のうち，いずれかを選んでロールプレイの練習を考えましょ
う．

例題 6

初・中級の日本語学習者向けの読解教材を考えます．

1) 場面①「シンポジウムの準備状況を引き継ぐ説明をする」で求め
られる Can-do を考えましょう．
2) この場面に即した読解教材を，学習者のレベルに合った語彙，文
型，字数の観点から探しましょう．生教材で学習者のレベルと合
ったものが見つからないときは，適切な読解教材を参考にして自
分で教材を作成します．その際は，教授項目を適切に組み込んで
ください．
3) ここで作成した読解教材を使って，どのような授業を展開するか
考えましょう．

例題 6 の解答例

1) Can-do……自身の行動や状況を適切に描写できるようになる．

2) 読み物の例……

〈メール〉

件名：シンポジウムの準備引き継ぎ

準備第2班　アグスさん

準備第1班のファンです．今週末のシンポジウムの準備状況を連絡します．

1)　会場整備について
　　土曜日の会場の準備はほぼ終わりました．
　　招待講演会場は，マイクとスピーカーの準備<u>をしたところです</u>．
　　スライドのプロジェクターの準備はまだです．
　　講演者用の椅子や机は<u>並べてあります</u>．当日の花や水の準備をお願いします．
　　夕方からは懇親会が企画<u>されています</u>が，会場づくりはまだ済んでいません．
　　参加者数が分かったらすぐに懇親会係に連絡してください．
　　日曜日の分科会会場の準備は，これからです．引き続きお願いします．

2)　受付準備について
　　大学の門から会場までの案内板が必要です．半分<u>作ったところです</u>．残りを
　　お願いします．
　　受付の机などの<u>準備はしてあります</u>が，プログラムなどの配布資料の作成は
　　まだです．
　　講演者や発表者の名札もまだです．こちらもお願いします．

3)　そのほか
　　何かありありましたら，お願いします．

シンポジウム準備第1班　ファン

3)　**授業の展開**……1　一緒に読む／2　内容を確認する質問をする（だれがだれ
に書きましたか，シンポジウムの準備はどうですか，など／3　自身のレポ
ートの準備状況について詳しく説明し合う

　問題6

｜場面①～④のうち，いずれかを選んで読解教材を考えましょう．

例題 **7**

読んだこと，話したことをもとにして，初・中級の日本語学習者向けの
作文課題を作ります．

1) 場面①「シンポジウムの準備状況を引き継ぐ説明をする」に関連
   させた作文課題を考えましょう．
2) 書き手，読み手，文章のジャンルや目的，文体などの設定を提示
   しましょう．

例題 7 の解答例

1) 作文課題……場面①に関連させて，「引き継ぎメモ」という課題
2) 各種の設定要素……書き手（氏名，年齢，性別，出身地域）／読み手（出身
地域，大学，学年）／文章のジャンルや目的（メール，準備状況を適切に，
かつ簡潔に書く）／文体（です・ます体），など

問題 7

場面①～④のうち，いずれかを選んで作文課題を考えましょう．

■授業をデザインする》**教案づくり**

この課で作成した教材を使って，実際に授業を組み立ててみましょう．

例題 **8**

授業の枠組みを設定し，教案を作成します．ウェブ上の「教案フォーマ
ット」を活用してください．

1) ここまで作成した教材で，学習者に求められる Can-do を確認し
   ましょう．
2) 授業形態（人数，学習者情報，教材・教具，教室環境など）を想
   定しましょう．
3) 口頭練習，ロールプレイ，読解教材，作文課題などの活動をどの

順で展開するか考えましょう.

4) 教授項目をどのように導入するか, 説明はどのようなことに注意するかを考えましょう.

5) 各活動を行う際, どのような指示を出すかを考えましょう.

例題 8 の解答例

1) Can-do ～ 5) 指示……ウェブ上の「第 1 課の教案例」,「第 2 課の教案例」を参照のこと.

問題 8

｜場面①～④のうち, いずれかを選んで教案を作成しましょう.

⑪ 人間関係に配慮した話し方を 工夫する表現

敬語とウチ・ソト（待遇表現）をいつ・どう使う？

■授業の準備をする≫ ゴールと教授項目

　発話の場の改まり度や話題に配慮した話し方があります．知らない人と話すときと親しい友人と話すときとでは，言葉遣いが違います．それらの会話では，どのような言葉が頭に浮かびますか．初対面の場面では，自分のことは「申します」「いたします」「おります」など，聞き手のことは「おっしゃいます」「なさいます」「いらっしゃいます」などと言います．また，親しい友人には，「しますか」「忙しいですか」「元気ですか」ではなく，「する？」「忙しい？」「元気？」などと言うでしょう．

　この課で取り上げるのは，このように発話の場に配慮した話し方，いわゆる敬語です．これらの表現が実際に使われる場面を分析しながら，日本語教育にどのように応用するかを考えていきます．まずはこの課のゴールと教授項目を確認しましょう．

> **ゴール**
>
> 人間関係に配慮した話し方を工夫する際の文法について，学習者に適切な理解を促すための授業ができる．

> **教授項目**
>
> 1　敬語とウチ・ソト（待遇表現）
> 2　テクレル文と間接受け身文（恩恵と迷惑）

■日本語を振り返る≫ 設定場面「敬語についてディスカッションをする」

　日常生活で上の文法・文型がどのように使われるか，例を通して確かめます．以下のモデル会話は，初・中級レベルを想定したもので，「敬語についてディスカッションをする」という場面で作成されています．これを読んで，後の問いに答えましょう．

〈モデル会話——日本語のクラスで〉

川崎先生：皆さん，おはようございます．今日はみんなが楽しみにして　　　[1]
　　　　　　いたゲストセッションです．ゲストの学生さんを紹介しま
　　　　　　すね．山口さんです．

山口：山口です．どうぞよろしくお願いします！【学生たち，拍手】

川崎先生：では，山口さん，さっそくですが，お願いできますか．どう　　　[5]
　　　　　　ぞよろしくお願いします．

山口：みなさん，おはようございます．今日は，みなさんと日本語
　　　　についてお話したいと思います．みなさん，日本語の勉強
　　　　は好きですか．【学生たち，うなずく】そうですか．じゃあ，
　　　　日本語の勉強をしていて，難しいなって思うときはありま　　　[10]
　　　　すか．【学生たちうなずく】あるんですね．じゃあ，どんな
　　　　ときに難しいなって思いますか．

アグス：敬語．

他の学生たち：わたしも敬語．【ほかの学生たちも，同意】

山口：敬語ですか．実は，わたしも敬語，難しいなって思うときが　　　[15]
　　　　あります．みなさん，川崎先生が，敬語の研究をされてい
　　　　るの，知っていますか．この間も論文を書かれています．

アグス：川崎先生が論文に書かれましたか．

山口：いや，そうじゃなくて．えっと……，川崎先生は敬語の研究
　　　　をなさっています．それでこの間も論文をお書きになりま　　　[20]
　　　　した．

アグス：あー，なさっています，お書きになりました……．わかりま
　　　　　した．敬語ですね．

山口：そうです．わたしは今，川崎先生に敬語を使いました．【学
　　　　生たち，うなずく】川崎先生は，敬語の研究をなさってい　　　[25]
　　　　ますから，今日は，わたしがみんなと敬語についてディス
　　　　カッションをして，川崎先生にも教えていただこうと思い
　　　　ます．

ファン：川崎先生もディスカッションにご参加しますか.

川崎先生：あ，わたしがディスカッションに参加するかどうかですね． [30]
みなさん，ファンさん，みんな，このときはどう言いますか.

マドレーヌ：ご参加になりますか……？

山口：あ，はい．そうですよね．川崎先生，参加してくださいます
か.

川崎先生：はい．いいですよ．みんなと山口さんと一緒に考えましょう． [35]

【ディスカッションが終わって】

山口：そろそろ，時間ですね．みなさん，今日はみんなと話せて，
とても楽しかったですし，勉強になりました．どうもありが
とうございました.

アグス：山口さん，今日は私たちのために日本語のクラスに来てくだ [40]
さって，ありがとうございました.

山口：あ，はい……．あ，でも，アグスさんとわたし，もう友だち
ですよね．だったら…….

アグス：あ，そうですね．山口さん，今日は日本語のクラスに来てく
れて，ありがとうございました！ [45]

山口：こちらこそ，ありがとうございました．川崎先生も，たくさ
ん教えてくれて，ありがとうございました！ あれ……【焦
る】

アグス：そのときは…….

山口：あ，そうそう．失礼しました．川崎先生，いろいろ教えてい [50]
ただきまして，ありがとうございました！ あー，敬語は，
ぼくにも難しい！

川崎先生：【笑って】いえいえ，大丈夫ですよ．山口さん，本当にみん
なといいディスカッションをしてくださって，ありがとう
ございました．みなさん，拍手！ [55]

例題 ①

モデル会話の中から，教授項目1「敬語とウチ・ソト（待遇表現）」を
探し出しましょう．また，初・中級日本語教材として，どのような意図
でそれらが配置されているかを考えましょう.

例題1の解答例

教授項目1の出現箇所……ほぼすべての行に敬語が現れます.

教授項目 1 の配置の意図……中には学習者の誤用や非用があり，それを母語話者が訂正する場面もある．また，日本人学生も敬語の難しさを実感していることが 50 行目の「あ，そうそう．失礼しました．川崎先生，いろいろ教えていただきまして，ありがとうございました！　あー，敬語は，ぼくにも難しい！」から読み取れる．適切な敬語の使用は学習者だけでなく，母語話者にとっても難しいことを学習者に気づかせるように誤用，非用，正用を配置していると考えられる，など．

問題 1

モデル会話から，教授項目 2「テクレル文と間接受け身文（恩恵と迷惑）」を探し出しましょう．例題 1 を参考にしながら，それぞれの出現箇所，配置の意図をまとめましょう．

■日本語を分析する 1 ≫ 敬語とウチ・ソト（待遇表現）

　先ほどのモデル会話を使って教授項目を授業で扱うとき，日本語教師はどのような点について留意すると思いますか．例題を使って考えていきましょう．

例題 ②

日本語教育の視点から，教授項目 1「敬語とウチ・ソト（待遇表現）」に関する会話が示唆することは何でしょうか．以下の例文 1）と 2）をもとにして，気づいたことを挙げましょう．

　〈例文〉
　1）A：社長は？
　　　B：今，席を外されています．
　2）A：専務は？
　　　B：【こっそり声で】今，社長に叱られています……．
　3）【食事を前に】?皆さん，どうぞ遠慮なくいただいてください．
　4)?次のアナウンスがあるまで，ここでお待ちしてください．
　5）お使いになったコップはこちらにお置きください．

例文 1) で気づいたこと……たとえば，1）と 2）のどちらも受け身形にテイル
がついたラレテイルが使われている．1）B は尊敬語として使われる受け身
形（ラレル）にテイルがついた形で，主語は「社長ガ」であり，「社長が席
を外していらっしゃいます」の意味だと考える，など．

例文 2) で気づいたこと……たとえば，2）B は直接受け身のラレルのテイル形
で，社長が二格（社長に）であることから，専務が直接受け身の主語だと分
かる，など．

> 問題 2
>
> 例題 2 の例文 3）〜 5）をもとにして，気づいたことをそれぞれ挙げま
> しょう．

日本語教育の視点で見ると？

どの言語にも人間関係に配慮した言葉の使い方がありますが，日本語学習
者に日本語の難しさを問うと，学習者の母語や習得レベルを問わず，日本語
の敬語があがります．しかし，実は日本語母語話者にとっても，発話の場に
応じた適切な言葉選びは難しいものです．この課のモデル会話にも，学習者
だけでなく，母語話者にとっても敬語が難しいことが現れています．

人間関係に配慮した言動のことを「待遇行動」と言い，言語に特化したも
のを「待遇表現」と呼びます．学習者にも母語話者にも難しい日本語の待遇
表現について考えてみましょう．近年では，対面会話や電話，書面のやりと
りだけでなく，メディアの多様化に伴い，それぞれの伝達手段に独特の言葉
遣いや言葉選びが生まれています．ここでは対面会話に焦点を当て，基本的
な待遇表現を取り上げます．

敬意表現とは

敬意表現についての研究はいろいろありますが，分析ツールとして有効と
される概念にポライトネスがあります．Brown と Levinson の提唱したポラ
イトネス理論（Brown and Levinson 1978）が代表的です．その理論では，人に
はフェイス（体裁とかメンツに近い概念）があり，他の人に傷つけられたく
ない，侵害されたくない，恥ずかしい思いをしたくないというような欲求
（ネガティブ・フェイス）と，他の人によく思われたい，ほめられたいとい
うような欲求（ポジティブ・フェイス）があり，話し手と聞き手は互いのフ

ェイスを尊重しつつ情報のやりとりをします．このとき，どのようなポライトネス・レベルで会話に参加するかは，話し手と聞き手の力関係（縦の関係），話し手と聞き手の距離（横の関係），そして話題の性質によって決まるとされます．どの言語の話者も，特に意図しない限り，会話参加者相互のフェイスを脅かす行動を避けるように言葉を選択するとされます．

　日本語でも同様で，たとえば，だれでも，親しい友人同士で話すときと職場や授業で発言するときなどでは言葉遣いが違います．私たちは，会話の場の要素，たとえば，場の改まり度，自分と聞き手との関係，また話題の特性に応じて言葉を使い分けます．従来，敬語とは基本的に聞き手や話題の人物に対する話し手の「敬意」を表す待遇行動の表れとされ，敬意は人間関係における距離の概念で説明されます．人間関係の距離には，縦の距離と横の距離があります．縦の距離は，多くの場合，社会における力の関係，つまり上下方向の関係によって決まります．横の関係は，親疎関係，つまり相手を親しく感じるか否かで，水平方向の遠近です．

日本語の敬語──対者敬語とは

　日本語の敬語には，話し手と聞き手との，主として横の人間関係を表す「対者敬語」と，話し手と話題に登場する人物（聞き手の場合もある）との，主として上下関係を表す「素材敬語」があります．対者敬語は，主に文体に現れます．話し手が聞き手との距離が近い，つまり親しいということを言語化してよいと判断したら，普通体（だ・ある体）を選択し，「今日，学校行く？」「うん，行くよ」のような会話になります．また，聞き手との距離が遠いということを言語化したほうがよいと判断したら，丁寧体（です・ます体，でございます体）を選択し，「今日学校へ行きますか」「はい，行きます」のような会話になります．そして，実際の使用語彙や表現の選択は文体の選択に依存します．つまり，文体と選択した語彙・表現から話し手が聞き手をどう位置づけたかが分かるわけです．

　では，この距離はどのように測られるでしょうか．この距離の決定には，ウチとソトの概念が関わります．ウチ・ソトとは，話し手が自分をとりまく人間関係で，ある人を自身に近い（ウチ）とみなすか，自身から遠い（ソト）とみなすかの区別です．話し手がどの程度その人に共感できるかという意味合いもあり，共感度による区別と言ってもよいでしょう．絶対的なウチは話し手自身ですが，話し手以外の登場人物の相互の位置は，絶対的なウチである話し手が発話の場や話題によってウチかソトかを区別して決まる相対的なものです．話し手は，会話の場の要素に基づいて，聞き手との距離を即

座に判断しなくてはなりません．会話の場の条件によっては，自身の家族が
ソトになることも，たとえば自身の所属先の上司がウチになることもありま
すから，この判断は極めて大事です．

　通常，普通体は，上下の距離がなく，かつウチとみなした聞き手に対して
使われます．また，同じ聞き手でも，会話の場によってソトと認められれば，
丁寧体が選択されます．文体によって語彙・表現の丁寧度も決まります．た
だし，話し言葉の文体は固定したものではありません．丁寧体で始めた会話
でも，話題によって会話参加者間の心理的距離が縮まって普通体に移行した
り，話題が推移するにつれて再び丁寧体に戻ったりと，同じ会話の中で文体
が切り替えられることはよくあることです．話し手と聞き手の距離は会話の
中でダイナミックに変化し，それが文体に反映されます．

日本語の敬語──素材敬語とは

　次は，話題に登場する人物への配慮を表す素材敬語について考えます．素
材敬語は大きく尊敬語と謙譲語に分けられます．尊敬語は文字通り，話題の
人物の行動やその人の属性やその人の状態を高める，つまり話し手との上下
の距離を明示化する言葉遣いです．話題の人物が話し手より上と判断した場
合，ウチの聞き手には「お客様がいらっしゃった」「先生が本をお書きにな
った」など，また，ソトの聞き手に向かうと「お客様がいらっしゃいまし
た」「先生が本をお書きになりました」となります．「いらっしゃる」「お書
きになる」などが尊敬語です．尊敬語には，「いらっしゃる」「おっしゃる」
「召しあがる」のような特別な敬語動詞（例（1a）），「お書きになる」「お聞
きになる」「お読みになる」など「お＋動詞語幹＋になる」という規則に基
づいて作ることができる尊敬語動詞（例（1b）），また「書かれる」「聞かれ
る」「読まれる」のように動詞の受身形と形が同じもの（例（1c））がありま
す．＝で敬語ではない動詞を示します．

（1）a. 先生がいらっしゃる，なさる，おっしゃる
　　　　　＝いる・来る・行く，する，言う
　　　b. 先生がお書きになる，お聞きになる，お読みになる，お帰りにな
　　　　　る
　　　　　＝書く，聞く，読む，帰る
　　　c. 先生が来られる，書かれる，読まれる
　　　　　＝来る，書く，読む

次は，謙譲語です．話題の人物を高める尊敬語は学習者にも理解しやすいようですが，謙譲語は難しいようです．実は，謙譲語には使い方が2通りあります．まず，謙譲語本来の使い方についてまとめます．文化庁の「敬語の指針」(2007)に従って，本来の謙譲語の使い方を「謙譲語1」と呼びましょう．謙譲語1は，話し手自身の行為あるいは話し手がウチと認めた人物の行為を低く，つまりへりくだって述べる話し方で，結果的に聞き手との間に上下の距離を作り出します．自身あるいは自身のウチの構成員の行動を低めることによって，相対的に相手を高める効果をもたらすわけです．謙譲語には「参る」「おる」「申す」などの特別な謙譲語動詞（例 (2a)），「お書きする」「お渡しする」など「お＋動詞語幹＋する」という規則に基づいて作ることができる謙譲語動詞（例 (2b)），そして「ご説明する」「ご案内する」「ご紹介する」などの「ご＋スル動詞」（例 (2c)）があります．＝で敬語ではない動詞を示します．

(2) a. すぐに参る，ここにおる，申す
　　　　＝すぐに来る・行く，ここにいる，言う
　　 b. 地図をお書きする，説明書をお渡しする
　　　　＝地図を書く，説明書を渡す
　　 c. ご説明する，ご案内する，ご紹介する
　　　　＝説明する，案内する，紹介する

　謙譲語1の使用には，2つの条件が関わります．第一の条件は，聞き手に比べて，話し手あるいは話し手がウチとみなす人物の縦の位置（上下）を低いとみなすこと，また第二の条件は，その行為がだれかに向けられた行為であることです．だれかに向かって行う自身（あるいはウチ）の行為を低めることによって相対的にその相手を高める表現ですから，行為の向かう相手がいることが前提条件です．(2)の例はすべて，そのようなだれかに向けられた行為と解釈され，その相手に対する敬語です．

　行為の向かう相手が考えにくい行為もあります．たとえば「起きる」「歩く」などですが，だれかのために起きたり歩いたりすることは考えにくく，したがって謙譲語1になりません．日本語学習者が丁寧に話そうとして「*パソコンで作文をお書きしました」のような文を産出することがありますが，これは第二の条件の理解不足による誤用です．尊敬語も謙譲語1も，話し手が話題の人物あるいは聞き手との上下の距離を大きくすることによって，互いのフェイスを脅かさないことに貢献しているという点で，ポライトネス

にかなった話し方となります.

　尊敬語と謙譲語1の使用が必須である状況の1つに，初対面場面があります．初対面会話では，話し手は自身と聞き手の位置関係，自身と聞き手と話題の人物との相互の位置関係が即座に判断できませんから，尊敬語を使って話題の人物（聞き手の場合が多い）を高め，謙譲語1を使って話し手自身あるいは話し手のウチの構成員の行動を低く表現することで，待遇上の問題を起こさないように予防線を張ることができます．尊敬語と謙譲語1を操る能力は，特に初対面場面に必須のコミュニケーション・ツールだと言えるでしょう．

　一方，その行為がだれかに向けられた行為であるという第二の条件を満たさない，謙譲語の使い方があります．そのような使い方を文化庁（2007）に倣って「謙譲語2」と呼びます（「丁重語」と呼ばれることもあります）．謙譲語2は，話し手が自身，自身のウチあるいは第三者の行為を，謙遜ではなく，聞き手に向かって改まって丁寧に述べようとして使うものです．その行為はだれかに関わるものではありません．話し手が聞き手に丁寧な話し方をする，あるいは洗練された話し方をすると印象づけたいときに選択されるようで，一般に女性の話者の使用傾向が男性話者より高いと言われます．(3)の下線部分が謙譲語2（丁重語）の例です．(3d)のように，自然の変化についても改まった表現をすることができます．

　　(3) a. 先週出張で九州に<u>参りまして</u>……．これ，つまらないものですが，
　　　　　どうぞ．
　　　　b. あ，向こうから子どもたちが大勢<u>参りました</u>．
　　　　c. 昨年，子どもが大学に<u>進学いたしまして</u>，<u>一安心いたしました</u>．
　　　　d. 日に日に寒くなって<u>まいりました</u>．

話し手が聞き手に対して丁重に話すことですから，謙譲語2は素材敬語ではなく対者敬語と言えるでしょう．(3b)に対して(4)の駅員の発話の下線部は，自分の所属する会社の電車はウチ，プラットホームの乗客が聞き手となり，謙譲語1と考えられます．

　　(4)【駅員の発話】電車が<u>参ります</u>．黄色い線の内側にお下がりください．

　最後に「美化語」に簡単に触れます．美化語も話し手が自身の話し方を丁寧で美しく聞こえるようにしようとして使う語彙です．「お電話」「お菓子」

「ご飯」などの「お／ご＋名詞」がその例です．「飯／菓子を食った」というか，「ご飯／お菓子を食べた」というかの選択であり，「あ，お土産買おう」などのように独り言でも使いますから，素材敬語でも対者敬語でもありません．

日本語の敬語のまとめ

以上，いわゆる敬語（待遇表現）は次の表のようにまとめられます．

表1　『敬語の指針』（文化庁 2007）

2007 年の提案：5 分類		2007 年以前
尊敬語	「いらっしゃる・おっしゃる」型	尊敬語
謙譲語 1	「伺う・申し上げる」型	謙譲語
謙譲語 2（丁重語）	「参る・申す」型	
丁寧語	「です・ます」型	丁寧語
美化語	「お酒・お料理」型	

しかし，近年，敬語とりわけ謙譲語 1 を適切に使えない母語話者が増えてきました．また，尊敬語と謙譲語 1 との混同もよく耳にします．（5）の下線部分がそのような混同の例です．⇒で尊敬語を示します．

(5) a. *もうしばらくお待ちしてください．
　　　⇒お待ちになってください．
　b. *次回もご参加してください．
　　　⇒ご参加ください・参加なさってください．
　c. *ご友人に何をお勧めしたいですか．
　　　⇒お勧めになりますか．
　d. *このカードはご利用できません．
　　　⇒ご利用になれません．

また，もう 1 つの傾向は，「させていただく」の使用頻度が上がっていることです．もともと「させていただく」は「する」の使役形「させる」のテ形に「いただく」を付けて，（6a）のように，だれかに何かをすることを許可してもらうという意味の表現です．ところが，最近は「させていただく」を謙譲語 1 として使うことが慣習化してきているようです．例は（6b 〜 d）です．

(6) a. すみません．その本，拝借させていただけますか．
b. 【ゼミ授業で】では，発表させていただきます．
c. 【店舗のドア】本日，棚卸し作業のため，臨時休業させていただ
きます．
d. 【結婚式などのスピーチ】私は，新郎と大学の 4 年間，テニス部
でご一緒させていただきました．

　聞き手として（6b ～ d）はどのような印象を受けるでしょうか．自然に
聞こえますか．（6b）は「発表いたします」の代わりに「させていただきま
す」で，その場の許可を先取りして宣言するものですから，不快に感じる聞
き手もいます．「させていただく」の容認度は人によって異なるようですが，
日本語話者の敬語の使用動機が，聞き手や話題人物に対する敬意表明の意図
から，自分自身をより丁寧に，よりポライトに聞こえさせたいという周囲に
対する自己アピールへと変化していると言えそうです．
　最後に，近年の敬語使用で問題として取り上げられる現象を 2 つ紹介し
ます．1 つ目は，先に述べた「させていただく」の「させて」の過剰一般化
と思われる「さ入れ言葉」と呼ばれる現象です．（7）がその例ですが，誤
用です．⇒で正用を記しました．

(7) a. *一言，言わさせてください．
　　⇒一言，言わせてください．
b. *お先に帰らさせていただきます．
　　⇒お先に帰らせていただきます．
c. *教室を使わさせてください．
　　⇒教室を使わせてください．

　2 つ目は，二重敬語，過剰敬語の現象です．より丁寧に，より丁寧にと思
った結果，尊敬語を過剰に使用して，（8）の下線部のような表現が生じて
います．

(8) a. ?新聞をお読みになられましたら，もとの場所にお戻しになってく
ださい．
b. ?先生，来月，大阪の講演会でお話しになられると伺いました．
c. ??もうすこしお召し上がりになられませんか．

(8a, b) は，「お＋動詞語幹＋になる」の「なる」を受け身と同じ形の尊敬語「なられる」にしたものです．(8c) は特別な尊敬語動詞「召し上がる」を「お＋動詞語幹＋になる」の動詞語幹に入れ，さらに「なる」を「なられる」にしたものです．それぞれ，「お読みになったら／読まれたら」，「お話しになる／話される」，「召し上がる」でよいのですが，このような本来なら不適切な多重敬語の使用も増えています．日本語母語話者も自身の敬語の使い方を客観的に振り返ってみることが大事です．

日本語教育の実践に向けて

　日本語の指導では，敬語は初級の最後の段階で導入されることが多いのですが，敬語の導入までのさまざまな段階で，日本語のウチ・ソトの概念の理解を促しておくことを勧めます．ロールプレイなどで話し手と聞き手，話題の人物の関係性を明確にして，いろいろな立場からの尊敬語と謙譲語1の使い分け練習を工夫してください．謙譲語2は日本語学習途上の段階では，産出練習はせず，理解語彙にとどめておくことを勧めます．

■日本語を分析する2 ≫ テクレル文と間接受け身文（恩恵と迷惑）

例題 3

日本語教育の視点から，教授項目2「テクレル文と間接受け身文（恩恵と迷惑）」に関する会話が示唆することは何でしょうか．以下の例文1)をもとにして，気づいたことを挙げましょう．

　〈例文〉
　1) 引越しは友だちが手伝ってくれました．
　2) 勉強中だから来ないでって言ったのに，遊びに来られた．
　3) 退屈していたら，友だちが遊びに来てくれた．
　4)?PC を忘れて困っていたら，友だちが貸した．
　5) 溺れそうだったとき，プールの監視員に助けられました．

例題3の解答例

例文1) で気づいたこと……たとえば，テクレルを使って，話し手が友だちの

行為から恩恵を受けたと感じていることが分かる，など．

問題3

例題3の例文2）〜5）をもとにして，気づいたことをそれぞれ挙げましょう．

日本語教育の視点で見ると？

　だれでも，世の中の出来事や他の人の行為を自分自身に関わることとして，よかった，ありがたいと思うときも，困った，迷惑だと思うときもあります．母語話者並みのいわゆる超級の日本語非母語話者から，（1a）のような「V-てくれる」や，（1b）のような受け身の使い方はいまでも時々難しいと感じると聞くことがあります．

（1）a. うちは一人っ子ですが，近所に少し上の子がいてくれて，遊んでくれるので助かります．
　　 b. 授業中に突然，見学者に入ってこられて緊張した．

この課のモデル会話には，（1a）の用法が多数観察されます．ここでは，（1a）のようにありがたい気持ちになる場合と，反対に（1b）のような迷惑な気持ちになる場合がそれぞれどのように言語化されるか考えましょう．

話し手の捉え方の表現──授受動詞の使い分け

　まず，テクレル文が話し手の出来事の捉え方を反映する形式であることは，第7課の教授項目2で考えたとおりです．話し手がある出来事をありがたいと感じる，つまりそれが話し手にとって恩恵があると捉える場合には，専らテクレルが使われます．授受動詞の簡単なまとめは，第7課の教授項目2を参照してください．授受動詞の使い分けには，話し手の視点の置きどころのほかに，この課の教授項目1で扱ったウチ・ソトの概念が関わります．ウチ・ソトの区別には，話し手の共感度が関係します．第7課の教授項目2の表2にウチ・ソトを入れて修正したものを示します．

表2　授受動詞のまとめ（改定版）

	文型と話し手の視点	典型的な例
与える動詞	**与え手が 受け手に（何かを）** ヤル；V-テヤル アゲル；V-テアゲル	**私（話し手のウチ）が** だれかに（何かを） ヤル；V-テヤル アゲル；V-テアゲル
	与え手が 受け手に（何かを） クレル；V-テクレル	だれかが **私（話し手のウチ）に**（何かを） クレル；V-テクレル
受け取る動詞	**受け手が** 与え手に；から（何かを） モラウ；V-テモラウ	**私（話し手のウチ）が** だれかから／に（何かを） モラウ；V-テモラウ

第7課では，だれかの行為の恩恵が私に向かうことを示す形式としてテクレルを説明しました．この課で扱うのは，基本的な使用が拡張したテクレル文です．

（1a）のようなシテクレルは，話し手の意志でコントロールできない動きや変化を表す動詞，また，「雨が降る」「暖かくなる」などのナル動詞が使われることが多く，話し手がその動詞が表す事態に直接関わらなくても，その事態を好ましいと判断したら使うことができます．（2）の例で確認してください．

（2）a.【日照り続きの後】やっと雨が降ってくれた．
　　 b.【何日も続いた豪雨の後】雨がやんでくれて助かった．
　　 c.【救急病院へ向かう途中で】専門の救急医がいてくれますように．

話し手の捉え方の表現——間接受け身

シテクレルは話し手がその出来事が起こったことを肯定的に評価する表現ですが，起こったことを否定的に評価する場合は，（1b）のように受け身が使われます．日本語の受け身には，英語などの言語に見られる受け身と同じ使い方と，英語などの言語には見られない使い方があります．ここで，受け身の詳細には触れませんが，他の言語にも見られる受け身は，「直接受け身」と呼ばれ，対応する能動文が考えられます．たとえば（3）の例で，話し手が動作の受け手に視点をおいて事態を描いたのが直接受け身文で，＝で対応する能動文を示してあります．受け身文と能動文の違いは，いずれも話し手の視点が主語にあるという点です．（3a）は学生の視点からの描写で，対応

する能動文は先生の視点からの描写です．直接受け身の名称は，他動詞の表す動きの対象となった者の視点から，それが受けた直接的な影響を描写しているところに由来します．

（3）a. 学生が先生に呼ばれた．
　　　　＝先生が学生を呼んだ．
　　　b. 畑がイノシシに荒らされた．
　　　　＝イノシシが畑を荒らした．
　　　c. その生徒が上級生にいじめられた．
　　　　＝上級生がその生徒をいじめた．
　　　d. その子が近所の人に褒められた．
　　　　＝近所の人がその子を褒めた．

　一方，英語などにはないタイプの日本語の受け身は，「間接受け身」と呼ばれます．何かの事態があって，その事態に直接関わらないものが受けた間接的な影響を描写する文です．直接受け身は他動詞しか使えませんが，間接受け身は自動詞も他動詞も使うことができます．（4）を見てください．だれかに間接的に影響を与えた事態を cf. で示します．

（4）a. 昨日は外出先で雨に降られた．
　　　　cf. 外出先で雨が降った．
　　　b. 満員電車で子どもに泣かれた．
　　　　cf. 満員電車で子どもが泣いた．
　　　c. 満員電車で足を踏まれた．
　　　　cf. 満員電車でだれかが話し手の足を踏んだ．
　　　d. 人ごみで財布を盗られた．
　　　　cf. 人ごみでだれかが話し手の財布を盗った．

（4a）は，自動詞の受け身の例で，同じ雨でも困らなかった人もいるはずです．（4b）も自動詞の受け身の例で，話し手ほど子どもの泣き声が気にならない人もいたかもしれません．一方，完全に間接的だとは言えないケースもあります．たとえば（4c, d）などがその例です．（4c）は他動詞の受身の例で，足は「話し手の身体部位」ですし，（4d）も他動詞の受身の例で，財布は「話し手の所有物」です．これを区別して（4a, b）を「第三者の受け身」，（4c, d）を「持ち主の受け身」と呼ぶ研究もあります．

同じ事態でも，立場によって捉え方が異なることがあります．（5）から（7）のように，話し手がある事態を肯定的に捉えたらテクレル文を，否定的に捉えたら間接受け身文を選択します．

(5) a. 乾燥注意報が出ていたけど，やっと雨が降ってくれた．
    b. ずっと降らなかったのに，出先で雨に降られて，困った．
(6) a. うちの子が道路で遊んでいたら，通りすがりの人が注意してくれた．
    b. うちの子が道路で遊んでいたら，通りすがりの人に注意された．
(7) a. 昨日，退屈していたら，友だちが遊びに来てくれた．
    b. 昨日，レポートで必死だったとき，友だちに遊びに来られた．

（5）は雨が降ったことを，（6）はだれかが自分の子どもを注意したことを，（7）は友だちの来訪をそれぞれ恩恵として捉えたか，迷惑に思ったかをテクレルと間接受け身で表現し分けることができます．

日本語教育の実践に向けて

　実際の日本語の指導では，学習者の経験や体験で，「肯定的に評価できること，よかったと思うこと」と「否定的に評価すること，残念だったこと，困ったこと」を表現する練習を工夫してください．仮に同じ事態でも，話し手によって捉え方が異なることもあるはずです．いろいろな文脈を考えて，それぞれの話し手の視点から表現することができるような具体的な練習を考えてください．

　最後に，日本語話者は出来事を主観的に捉えて表現する傾向があることは，第5課の教授項目2「する・なる」と「ことにする・ことになる」，第6課の教授項目1「V-てくる」と「V-ていく」，第7課の教授項目2「V-てくる」と「V-てくれる」に加えて，この課の教授項目2「V-てくれる」と間接受け身の「される」などからも窺えます．また，第1課で考えた話し手を表す「わたし」は，言葉で明示されなくても「わたし」が関わっていることが分かるという日本語の特徴（あるいは「見えないわたし」），話し手の視点，ウチとソト，話し手の共感度などの概念が関わっていることが明らかです．日本語の指導でも，これらの概念が個別の事象の説明のためにあるのではなく，日本語のさまざまな側面で日本語を司る基本的な文法に大きく関わっていることを学習者が自然に理解できるように，説明も練習もスパイラルに積み上げていくことを試みてください．

■教材を作成する1 ≫ 初・中級の口頭練習

この課の教授項目についての理解を踏まえて，初・中級レベルの日本語学習者への「口頭練習」を考えます．学習者の反応を促す刺激（キュー）を使いながら，練習を作成しましょう．

例題 ④

教授項目1「敬語とウチ・ソト（待遇表現）」を例として，初・中級の日本語学習者向けの口頭練習を考えます．

1) 「敬意表現とは」から「日本語の敬語のまとめ」まで（215 ～ 222頁）の要点を意識できるような練習を作成しましょう．
2) あなたが作った場面と例文を紹介しましょう．

例題 4 の解答例

1) **練習の作成**……人間関係に配慮した話し方をする状況を設定したうえで，キューを与える（状況設定の例：お世話になったホストファミリーとの経験について話してください，困ったときに手伝ってくれた友だちとの経験を思い出してください．キューの例：ホストファミリーとの生活について）．
2) **場面と例文の紹介**……提示した状況について，場面や例文の適切さ，自然さの観点から練習作成者同士で（独習の場合は客観的に）評価する．

問題4

教授項目2「テクレル文と間接受け身文（恩恵と迷惑）」を例として，初・中級の日本語学習者向けの口頭練習を考えます．

1) 「話し手の捉え方の表現——授受動詞の使い分け」，「話し手の捉え方の表現——間接受け身」（223 ～ 226頁）の要点を意識できるような練習を作成しましょう．
2) あなたが作った場面と例文を練習作成者同士で紹介し合いましょう．

■教材を作成する2 ≫ 初・中級のロールプレイ，読解教材，作文課題

　初・中級レベルの日本語学習者に向けて，「ロールプレイ」「読解教材」「作文課題」を作成します．以下では，次の4つの場面を想定して取り組みます．例題ではいずれか1つの場面を用いるので，それを参考にしながら考えてみましょう．

①距離がある知人との接触（社会的生活）：選挙に立候補するために，知人に推薦人になってもらうよう依頼する
②指導教員との接触（社会的生活）：指導教員に推薦状を書いてもらうようお願いする
③世話になった目上の人との接触（個人の生活）：お世話になった目上の人とのエピソードについて話す（友だちと・先生と）
④友だちとの接触（個人の生活）：迷惑を被ったときの経験について話す

例題 ⑤

初・中級の日本語学習者のためのロールプレイを考えます．

1）場面①「選挙に立候補するために，知人に推薦人になってもらうよう依頼する」のロールカードを作りましょう．
2）学習者に状況と役割を与え，それらにふさわしい会話ができるように促しましょう．

例題5の解答例

1）ロールカード……

カードA あなたは選挙に立候補したいと思っています．立候補には推薦人が必要です．Bさんに推薦人を頼んでください．	カードB あなたはAさんの知人です．Aさんの依頼を聞いて，対応してください．

2）会話の促し……ロールカードを模擬的に使ってみて，指定された場面と役

割に合った自然な会話ができるかといった観点から，練習作成者同士で（独習の場合は客観的に）評価する．

場面①〜④のうち，いずれかを選んでロールプレイの練習を考えましょう．

例題 6

初・中級の日本語学習者向けの読解教材を考えます．

1) 場面③「お世話になった目上の人とのエピソードについて話す（友だちと・先生と）」で求められるCan-doを考えましょう．
2) この場面に即した読解教材を，学習者のレベルに合った語彙，文型，字数の観点から探しましょう．生教材で学習者のレベルと合ったものが見つからないときは，適切な読解教材を参考にして自分で教材を作成します．その際は，教授項目を適切に組み込んでください．
3) ここで作成した読解教材を使って，どのような授業を展開するか考えましょう．

例題 6 の解答例

1) Can-do……学習者が人間関係を映し出す話し方を工夫することができるようになる．

2) 読み物の例……

〈ホストファミリーへのお礼の手紙〉

近藤様

　いつも親切に<u>していただいて</u>，ありがとうございます．日本の留学生活もあと1か月になりました．今日は，日本語で手紙を書いて，わたしの感謝の気持ちをお二人にお伝えしよう思います．
　来日したばかりのころは，日本語も下手だし，日本の習慣も知らないし，大学の授業も心配だったし，慣れないことばかりで，不安な気持ちでした．でも，ホ

ストファミリーとの懇談会で近藤さんに<u>お会いして</u>とても安心したことを昨日のことのように覚えています.

来日してもう8か月になりますが,この間,わたしの不自然な日本語を<u>直してくださり</u>,日本の生活習慣が分かるように,日本食の作りかたや着物の着かたなど,いろいろ経験する機会を<u>作ってくださいました</u>.また,日本とアメリカの考え方の違いや習慣の違いについて,日本語と,時々は英語で,何も遠慮しないで話し合えたことも貴重な経験でした.また,アルバイト先で失敗して<u>しかられたり</u>,勉強が大変でホームシックになったりして,落ち込んでいたときには,本当の家族のように<u>接してくださいました</u>.お二人の暖かさに心から感謝しています.

日本語だけでなく,日本で学んだことはたくさんありますが,日本人の生活や考え方や,自然な日本語に触れることができたのはお二人のおかげです.帰国して大学を卒業したら,いつか日本に戻って,また日本で生活してみたいと思っています.

帰国まであと1か月ほどありますが,最後までどうぞよろしくお願いいたします.

20XX年2月3日

ジャクリーヌ・ライアン

3) 授業の展開……1 一緒に読む／2 内容を確認する質問をする(だれがだれに書きましたか,日本でホストファミリーとどのような経験をしていますか,特にどのような経験が印象に残っていますか,など)／3 人間関係に則して適切な敬意表現を使っているか確認する.学習者の国・地域の敬意表現と丁寧な手紙の書き方と比較するなど話し合う.

[問題6]

| 場面①〜④のうち,いずれかを選んで読解教材を考えましょう.

例題 ⑦

読んだこと,話したことをもとにして,初・中級の日本語学習者向けの作文課題を作ります.

1) 場面③「お世話になった目上の人とのエピソードについて話す(友だちと・先生と)」に関連させた作文課題を考えましょう.

2）書き手，読み手，文章のジャンルや目的，文体などの設定を提示
しましょう．

例題7の解答例

1）**作文課題**……場面③に関連させて，「ホームステイの家族にお世話になっ
たお礼の手紙を書く」という課題
2）**各種の設定要素**……書き手（氏名，年齢，性別，出身地域）／読み手（出身
地域，書き手との関係）／文章のジャンルや目的（手紙，人間関係を意識し
て，感謝の気持ちを伝える）／文体（です・ます体），など

問題7

場面①〜④のうち，いずれかを選んで作文課題を考えましょう．

■授業をデザインする≫ 教案づくり

この課で作成した教材を使って，実際に授業を組み立ててみましょう．

例題 8

授業の枠組みを設定し，教案を作成します．ウェブ上の「教案フォーマ
ット」を活用してください．

1）ここまで作成した教材で，学習者に求められる Can-do を確認し
ましょう．
2）授業形態（人数，学習者情報，教材・教具，教室環境など）を想
定しましょう．
3）口頭練習，ロールプレイ，読解教材，作文課題などの活動をどの
順で展開するか考えましょう．
4）教授項目をどのように導入するか，説明はどのようなことに注意
するかを考えましょう．
5）各活動を行う際，どのような指示を出すかを考えましょう．

1) **Can-do ～** 5) **指示**……ウェブ上の「第1課の教案例」, 「第2課の教案例」を参照のこと.

問題8

場面①～④のうち, いずれかを選んで教案を作成しましょう.

⑫ 自分の経験・体験を評価する表現

「してよかった」と「すればよかった」をいつ・どう使う？

■**授業の準備をする≫ゴールと教授項目**

あなたが経験・体験したことを振り返って評価するとき，「こうしてよかった」「こうすればよかった」などの表現を使うことがあります．このような表現を使った例文として，どのようなものが頭に浮かびますか．日本語の初級の教科書では，「日本に留学してよかった」「もっと勉強すればよかった」などのような例文が紹介されます．

この課では，自身が経験・体験したことを振り返って評価するときに使う表現を取り上げ，それらが実際に使われる場面を分析しながら，日本語教育にどのように応用するかを考えていきます．まずはこの課のゴールと教授項目を確認しましょう．

ゴール

自身の経験・体験を評価する際の文法について，学習者に適切な理解を促すための授業ができる．

教授項目

1 「してよかった」と「すればよかった」
2 「ために」と「ように」

233

■日本語を振り返る≫ 設定場面「日本での最後の旅行に行く」

　日常生活で上の文法・文型がどのように使われるか，例を通して確かめます．以下のモデル会話は，初・中級レベルを想定したもので，「日本での最後の旅行に行く」という場面で作成されています．これを読んで，後の問いに答えましょう．

〈モデル会話——旅行先の山中湖で〉

　　　ともこ：はい．2人とも目を開けて．ここが富士山の絶景ポイントでー　　［1］
　　　　　　　す！
　　　ファン：うわー！　きれい！　富士山が大きい！
　　マドレーヌ：ほんと．あ，見て．湖に富士山が．
　　　ともこ：これが「逆さ富士」．これが見られることは，めったにないん　　［5］
　　　　　　　だよ．
　　マドレーヌ：天気がよくて，よかったね．
　　　はるか：ほんとに．ともちゃんの運転，超こわかったけど，これが見ら
　　　　　　　れたからよかったかな．
　　　ともこ：あれ？　何，「これが見られたからよかった」って．　　　　　［10］
　　　はるか：あ，ごめん，ごめん！　ペーパードライバーのわたしが言って
　　　　　　　はだめでした．逆さ富士が見られたのはともちゃんのおかげ
　　　　　　　です！　連れてきてくれて，ありがとう！
　　　ともこ：どういたしまして．わたしもみんなと来られてよかったです！
　　マドレーヌ：ん？　「これが見られたからよかった」と「これが見られてよ　　［15］
　　　　　　　かった」で，ちがうんだ．
　　　ともこ：そうなの．ちょっとちがうの．受け取るほうの気持ちもね．
　　　ファン：そうなんだ．日本留学の最後の旅行で，勉強になりました．
　　マドレーヌ：あーあ，これが最後の旅行かあ．さびしいなあ．日本の最後の
　　　　　　　旅行だったら，旅館にしたほうがいいね．ホテルにするか，旅　　［20］
　　　　　　　館にするか迷ったんだけど，値段が安いからホテルにしたんだ
　　　　　　　けど，よくなかったなって思って．
　　　ともこ：あ，それって旅館にすればよかった，ってこと？
　　マドレーヌ：あ，そうそう．そう言えばいいんだ．
　　　ともこ：うん．短くて簡単でしょ．あ，でも今日みたいな日は，旅館の　　［25］
　　　　　　　部屋の窓から逆さ富士……．最高だったかも．決めた！　次に
　　　　　　　私たちが旅行するときは，今日のことを忘れずに，旅館にしよ
　　　　　　　うね．

はるか：ともちゃん，もう次の旅行のこと考えてるー．
　　　ファン：わたし，また日本に来られるために，日本語の勉強を続けま　　[30]
　　　　　　　す！
マドレーヌ：わたしも，日本語を忘れないように，国に帰ってからも日本語
　　　　　　　を使うね．
　　　ファン：あれ……，「ために」「ように」……，どっちがどっちだっけ？
　　　はるか：ファンちゃんのは，また日本に来られるように，かな．でも，　　[35]
　　　　　　　なんでだろ……．
　　　ともこ：また日本語の勉強に戻っちゃった．今は逆さ富士，楽しまなき
　　　　　　　ゃ．ね，写真とろっ！

例題 1

　モデル会話の中から，教授項目 1「してよかった」と「すればよかった」
を探し出しましょう．また，初・中級日本語教材として，どのような意
図でそれらが配置されているかを考えましょう．

例題 1 の解答例

教授項目 1 の出現箇所……7 行目「天気がよくて，よかったね．」，14 行目「ど
ういたしまして．わたしもみんなと来られてよかったです！」，15 行目「「こ
れが見られたからよかった」と「これが見られてよかった」で，ちがうん
だ」，23 行目「それって旅館にすればよかった，ってこと？」．
教授項目 1 の配置の意図……学習者に教授項目への注意を喚起する意図で，学
習者の不自然な表現や誤用を親しい間柄の母語話者が訂正するように配置さ
れている，など．

問題 1

　モデル会話から，教授項目 2「ために」と「ように」を探し出しましょう．
例題 1 を参考にしながら，それぞれの出現箇所，配置の意図をまとめま
しょう．

■日本語を分析する 1 ≫「してよかった」と「すればよかった」

　先ほどのモデル会話を使って教授項目を授業で扱うとき，日本語教師はど

のような点について留意すると思いますか．例題を使って考えていきましょう．

例題 2

日本語教育の視点から，教授項目1「してよかった」と「すればよかった」に関する会話が示唆することは何でしょうか．以下の例文1）と2）をもとにして，気づいたことを挙げましょう．

〈例文〉
1）A：テストだめだった．
　　B：え〜？　70点とれたからよかったでしょ．
2）A：テストだめだった．
　　B：?え〜？　70点とれてよかったでしょ．
3）若いうちにもっと勉強しておけばよかった．
4）昨日，あんなに食べなければよかった．
5）A：転んで痛かったけど，ヘルメットをかぶっていてよかったじゃない．
　　B：たしかに．丈夫なヘルメットだったからよかった．

例題 2 の解答例

例文 1）で気づいたこと……たとえば，1）Bと2）Bを比べると，1）Bからは，Aが十分ではないと思っている70点をBは十分によい点数だと評価している，など．

例文 2）で気づいたこと……たとえば，2）Bからは，Aが70点とれたことを肯定的に評価しているが，あまりいい点数が取れないだろうと思っていたことが暗示される，など．

問題 2

例題2の例文3）〜5）をもとにして，気づいたことをそれぞれ挙げましょう．

日本語教育の視点で見ると？

　自分の経験を語るとき，ある出来事を肯定的に評価する場合もあれば，否定的つまり出来事が起こったことを後悔して話す場合もあります．この課のモデル会話の発話にも，肯定的な評価の例として（1a〜d）が，否定的な評価の例として（1e）があります．

(1) a. マドレーヌ：天気がよくて，<u>よかったね</u>．
　　b. はるか：<u>連れてきてくれて，ありがとう</u>！
　　c. ともこ：私もみんなと<u>来られてよかったです</u>！
　　d. マドレーヌ：ん？「これが<u>見られたからよかった</u>」と「これが<u>見られてよかった</u>」で，ちがうんだ．
　　e. ともこ：あ，それって<u>旅館にすればよかった</u>，ってこと？

　このような表現の理解と使い分けは，日本語学習者にとって易しいことではありません．ここでは，肯定的な評価表現の典型として（1a 〜 d）のような「してよかった／しないでよかった」を，また否定的な評価表現の典型として（1e）のような「反事実的仮想」あるいは「反事実的条件」と呼ばれる「すればよかった／しなければよかった」を取り上げます．反事実的仮想あるいは反事実的条件というのは，実現しなかったことについて，仮にそれが実現していた場合を想像して述べるときの表現です．

シテヨカッタとシナイデヨカッタ

　自分の経験や体験を肯定的に評価する表現として使われるシテヨカッタとシナイデヨカッタは，「-ていい」と「-ないでいい」のタ形の表現です．「-ていい」は述語のテ形接続の基本的な表現で，その解釈は文脈によってさまざまに可能です．（2）の下線部分に入る表現を考えてみてください．

(2) a. この部屋は広くて＿＿＿＿＿＿．
　　b. この学校は新しくて，＿＿＿＿＿＿．
　　c. 太郎は小学生で，＿＿＿＿＿＿．
　　d. 友だちは親切で，＿＿＿＿＿＿．
　　e. 昨日は雨が降って，＿＿＿＿＿＿．
　　f. 田中さんは就職して，＿＿＿＿＿＿．

　たとえば（2a）は，「使いやすい」「気持ちがいい」などが考えられるでし

ょうか．テ形が表す前件と下線部分が表す後件の関係はいろいろあることが分かると思います．前件と後件の関係には，原因と結果の関係も，理由と帰結の関係も，また単純に2つの事態を並列につないだ関係もあります．原因と結果，理由と帰結つまり P→Q の場合は，前件と後件の順序は変えられませんが，並列の場合のみ，前件と後件を入れ替えても意味は変わりません．

シテヨカッタは P→Q の場合で，前件「して」が導く事態と，後件の「よかった」が表す話し手の肯定的な評価を理由という帰結からつないだもので，話し手が前件が表す事態を好ましいと判断したことを表します．（1a〜c）は，それぞれ「天気がよいこと」「連れてきてくれたこと」「みんなと来られたこと」を好ましいこととして肯定的に評価しています．（3a, b）も同様です．前件が話し手以外の人の行為の場合は，（1b）のように前件に授受表現の「くれる」を使った「してくれてよかった／うれしかった／助かった」などの表現になります．（3c, d）も同様です．

(3) a. 大学に<u>入学できて</u>よかった．
    b. <u>方々見物できて</u>よかった．
    c. 友だちが<u>手伝ってくれて</u>助かった．
    d. パーティに友だちが大勢<u>来てくれて，楽しかった</u>．

シテヨカッタの解釈は，前後の出来事を緩やかにつなぐというテ形の基本的な機能によるもので，テ形の前の出来事を肯定的に捉えたことが伝わります．似ている表現に，「したからよかった」があります．ここで，（3）と（4）を例に，シテヨカッタとシタカラヨカッタを比べてみましょう．

(4) a. 大学に<u>入学できたから</u>よかった．
    b. <u>方々見物できたから</u>よかった．
    c. 友だちが<u>手伝ってくれたから</u>よかった．
    d. パーティに友たちが大勢<u>来てくれたから</u>よかった．

カラは原因・理由を表す接続助詞です．テ形による前件とヨカッタの接続の緩やかさに比べると，カラの接続は厳密な原因・理由とその帰結です．カラ節の内容をよかったこととして際立ててとりたてる機能があります．たとえば，（3a）は大学に入学できたことを単純に好ましいと思っているという意味ですが，（4a）は「大学に入学できたからよかったものの，それまでいろいろ大変だった」「いろいろ問題があったけれど，大学に入学できたこと

はよいと思っている」というような，やや否定的な文脈を含意します．(4b)
も同様で，「今回の旅行は，方々見物できたからよかったものの，宿舎や食
事は散々だった」などのような背景の文脈が浮かびます．

　さらに，シテヨカッタに対して，否定的な評価を受ける行為をしなかった
こと，あるいは都合が悪いことが起こらなかったことを好ましく捉え，肯定
的に評価する表現がシナイデヨカッタ／シナクテヨカッタです．シナイデと
シナクテの使い分けはあまり明確ではありません．通常，前件が動詞の場合
は（5a～d）のようにどちらも使えるようですが，形容詞の場合は（5e, f）
のようにナクテしか使えません．

> (5) a. 失敗 <u>しないで</u>／<u>しなくて</u>，よかった．
> 　　b. 勉強したことを <u>忘れないで</u>／<u>忘れなくて</u>，よかった．
> 　　c. 授業を <u>休まないで</u>／<u>休まなくて</u>，よかった．
> 　　d. 昨日は，雨が <u>降らないで</u>／<u>降らなくて</u>，よかった．
> 　　e. 試験があまり *<u>難しくないで</u>／<u>難しくなくて</u>，よかった．
> 　　f. 友だちが *<u>忙しくないで</u>／<u>忙しくなくて</u>，よかった．

　もちろん「よかった」の代わりに「ありがたかった」「助かった」「うれし
かった」などの表現を使うことができます．

スレバヨカッタとシナケレバヨカッタ

　では，実際に起こった事態を否定的に評価する場合，つまり実際に起こっ
た何か都合の悪い出来事を，仮にそれが起こらなかった場合を想定して述べ
る場合はどうでしょうか．このような，事実に反することを想定することを
反事実的仮想あるいは反事実的条件と言います．(1) また，(6) がその例で，
第8課で考えた条件節が使われます．

> (1) e'. 旅館に<u>すればよかった</u>．
> (6) a. もっと頑張って勉強<u>すればよかった</u>．
> 　　b. 授業を<u>休まなければよかった</u>．

　反事実的仮想には，バ形の他にタラ形も使えますが，ト形は使えません．
(7) で確認してください．以下，一般的なバ形で考えますが，適宜タラ形
で置き換えてみてください．

（7）a. もっと 早く 来れば／早く 来たら／*早く 来ると よかった.

b. 遅刻 しなければ／しなかったら／*しないと よかった.

反事実的条件というのは，実際の事実と反対の状態を仮想する場合の表現です.（8）を見てください.

（8）a. 田中さんが来れば，始められるのに.

b. 田中さんが来れば，始められたのに.

c. もう少し安ければ，買うのに.

d. もう少し安ければ，買ったのに.

（8a）と（8c）は，「田中さんが来ていない」，また「安くない」とう発話のイマ・ココでの事実を前にして「早く来ないかな」とか「少し安くしてくれないかな」というような，事実の反対の事態が未実現であることに対する話し手の願望を含意します.

一方，（8b）と（8d）は，それぞれ，「田中さんが来なかったので始められなかった」という過去の事実，「安くなかったので買わなかった」という過去の事実に反する事態が実現した場合を好ましいと判断したことを表し，スレバヨカッタ／シナケレバヨカッタと表現するのが一般的です.スレバヨカッタは「すればいい」，またシナケレバヨカッタは「しなければいい」のタ形です.（8b）（8d）では，「田中さんが来ればよかった」「もう少し安ければよかった」となります.

日本語教育の実践に向けて

実際の日本語指導では，シテヨカッタ／シナイデヨカッタを使って学習者が自身の経験や体験を肯定的に評価して表現できる文脈を工夫してください.もちろん，肯定的評価では，場合によっては授受動詞を入れたり，「よかった」の代わりの肯定的な評価表現を使ったりしてください.一方，反事実的仮想の場合は，学習者自身が実現できなかったことや自分にとって都合の悪い出来事についてスレバヨカッタ／シナケレバヨカッタが自然に使えるような文脈を工夫してください.

ただし，個人的な経験をありのままに話すことを躊躇する学習者もいますので，そのような学習者に配慮して，自己矛盾が起きない限り本当のことを話す必要はない，「だれかになったつもり」で話してよいというような柔軟な対応が望まれます.

■日本語を分析する２≫「ために」と「ように」

例題 ③

日本語教育の視点から教授項目２「ために」と「ように」に関する会話が示唆することは何でしょうか．以下の例文 1) と 2) をもとにして考えましょう．

〈例文〉

1)?日本へ留学できるために勉強しています．

2)?日本へ留学するように勉強しています．

3)?事故にあわないために気を付けます．

4) 事故にあわないように気を付けます．

5) A：健康でいるために毎日ジョギングをしています．

   B：ジョギングですか．わたしはけがをしないように，ジョギングはしないでウォーキングをするんですよ．

例題 3 の解答例

例文 1)で気づいたこと……たとえば，不自然だが「留学するために」にすると自然になる，など．

例文 2)で気づいたこと……たとえば，不自然だが「留学できるように」にすると自然になる，など．

問題 3

例題 3 の例文 3) 〜 5) をもとにして，気づいたことをそれぞれ挙げましょう．

日本教育の視点で見ると？

何らかの目的を持った行動について話す場合，目的を表す表現が必要になり，（1）のようにいろいろあります．

（1）a. 映画を観に新宿へ行った．

   b. 海外旅行をする<u>ために</u>，英会話を習っている．

c. 海外旅行を 目指して／目標にして, 英会話を習っている.

d. 海外旅行をする目的で, 英会話を習っている.

e. 海外旅行ができるように, 英会話を習っている.

　この課のモデル会話には, 次のような目的表現の難しさが表れています.

(2) ファ　ン：わたし, また日本に来られるために, 日本語の勉強を
　　　　　　　続けます！

　　マドレーヌ：わたしも, 日本語を忘れないように, 国に帰ってから
　　　　　　　も日本語を使うね.

　　ファ　ン：あれ……, 「ために」「ように」……, どっちがどっち
　　　　　　　だっけ？

　　は　る　か：ファンちゃんのは, また日本に来られるように, かな.
　　　　　　　でも, なんでだろ…….

　ここでは, 日本語学習者にとって使い分けが難しいとされる (1b)「ため
に」と (1e) の「ように」について考えます.

タメニの用法の整理

　タメニには, 理由を表す用法 (3) と目的を表す用法 (4) があります.
まずその2つを区別します.

(3) a. インフルエンザのため (に) 仕事を休んだ.

b. インフルエンザにかかったために, 仕事を休んだ.

c. 子どもがインフルエンザにかかったために, 仕事を休んだ.

d. 雨が降ったために運動会は中止になった.

e. 昨夜よく眠れなかったために, 今日は一日中眠かった.

　理由を表すタメニ節には, (3a) のような欠勤する理由になりうる名詞,
(3b〜d) のようなタ形, (3d) のような自然現象の動詞, (3e) のような状
態動詞のナイ形などいろいろな述語について, 後件の理由を表します. (3b)
と (3c) から分かるように, 理由を表すタメニ節の主体と, 結果を表す後件
の主体が異なっても構いません.

　一方, 目的を表すタメニ節の文の制約は異なります.

(4) a. 海外旅行のために，英会話を習っている．

    b. 海外旅行をする<u>ために</u>，英会話を習っている．（＝ 1b）

    c.*海外旅行ができる<u>ために</u>，英会話を習っている．

    d. 子どもを大学に行かせる<u>ために</u>，貯金しよう．

    e.*子どもが大学に行ける<u>ために</u>，貯金しよう．

    f. 部屋を涼しくする<u>ために</u>，窓を開けた．

    g.*部屋が涼しくなる<u>ために</u>，窓を開けた．

    h. ??寝坊しない<u>ために</u>，目覚まし時計をかけた．

目的を表すタメニは（4a）のような名詞や，（4b, d, f）のような意志動詞の辞書形（ル形）は使われますが，（4c）のような可能形（状態動詞）や述語のタ形は使えません．（4d）のようにタメニ節の主体と後件の意志主体が同一であれば可能ですが，（4e）のように同一主体でない場合は使えません．（4g）のようなナル動詞も使うことができません．（4h）のナイ形は一般に使いにくいのですが，（5）のような例も見られ，容認度に差があります．ただし，（5）もとりたて助詞モで主題化されたほうが座りがよいようです．

(5) 二度とこのような悲劇を繰り返さない<u>ためにも</u>，事故原因を徹底的に調査しなくてはならない．

ヨウニの用法の整理

次に，ヨウニを考えましょう．すでに第6課の教授項目3「Vようになる」と「Vようにする」（変化3）について考えました．目的を表すヨウニも，第6課のヨウニと基本的に同じです．第6課の教授項目3の解説を復習してみてください．

(6) カーテンを閉めて，外から部屋の中が見えない<u>ように</u>した．

    （＝第6課の教授項目3の分析（13）（116頁））

(7) 外から部屋の中が見えない<u>ように</u>，カーテンを閉めた．

（6）は「カーテンを閉めることで，外から部屋の中が見えない状況を作り出した」という意味です．（7）は「外から部屋の中が見えない状態を作り出す目的で，カーテンを閉めた」という意味で，（6）も（7）も基本的に同じです．

また，（8）から分かるように，ヨウニ節の表す前件には，（8a）のように

意志的動作は現れず，（8b）のような可能形や（8c, d）のようなナイ形，また（8e）のようなナル動詞など，状態を表す動詞が来ます．（8f）のようにヨウニ節の主体と後件の主体が異なっても構いません．目的を表すヨウニで導かれる状態は話し手が好ましいと判断した状態で，ル形もナイ形もどちらも使えます．そして，その好ましい状態を実現することが，後件の行為の目的と解釈されます．

(8) a. 海外旅行をする <u>ために</u>／*ように，英会話を習っている．
    b. 海外旅行ができる *ために／<u>ように</u>，英会話を習っている．
    c. 転ばない *ために／<u>ように</u> 注意して歩いてください．
    d. 忘れない ?ために／<u>ように</u>，メモした．
    e. 部屋が涼しくなる *ために／<u>ように</u>，窓を開けた．
    f. 留学生が分かる *ために／<u>ように</u>，はっきり話してください．

タメニとヨウニの使い分け

　目的を表すとされるタメニとヨウニの基本的な違いは，タメニが表す目的は，後件の主体による行為そのものの実現ですが，ヨウニが表す目的は，後件の述語の結果生じるであろう状態であるということです（近藤 2018）．この 2 つの表現の使い分けが学習者にとって難しいのは，タメニとヨウニが置き換えられないからです．先の（8）に示すように，タメニで*が付いているのをヨウニにすると適切になり，この 2 つの表現は，ちょうど相補分布をなしています．

　言い換えが可能かどうかは，前件の動詞の意志性と状態性の違いと，前件と後件の主体が同一か否かによります．

(9) a. 論文を <u>書くために</u>／*書くように 図書館から本を借りた．
    b. 期日までに論文が *<u>提出できるために</u>／提出できる<u>ように</u> 頑張った．
    c. 子どもが *<u>寝られるために</u>／寝られる<u>ように</u>，テレビの音を小さくした．

　（9a）は前件が意志動詞なのでヨウニが使えません．（9b）は前件が可能形（状態動詞）なのでタメニが使えません．また，（9c）は前件と後件の主体が異なるのでタメニが使えません．

日本語教育の実践に向けて

　この２つの表現の基本的な違いは，それらが表すとされる「目的」の本質的な違いにあります．タメニが表すのは，後件の主体による意志的な行為の実現であり，「目的」という言葉が適切に感じられます．一方，ヨウニが表すのは，後件の主体がその行為の先に出来することを望む状態，そうであってほしいと望む状態です．行為の実現を意図するタメニ節と，状態の出来を切望するヨウニ節にはスルとナルの理解が必要で，それが難しさの原因です．学習者の母語で行為の目的がどのように認知されているかにもよりますが，実際の指導では，動詞の意志性と状態性の区別，同一主体かどうかなどの工夫が必要です．

■教材を作成する１ ≫ 初・中級の口頭練習

　この課の教授項目についての理解を踏まえて，初・中級レベルの日本語学習者への「口頭練習」を考えます．学習者の反応を促す刺激（キュー）を使いながら，練習を作成しましょう．

例題 ④

教授項目１「してよかった」と「すればよかった」を例として，初・中級の日本語学習者向けの口頭練習を考えます．

1) 「シテヨカッタとシナイデヨカッタ」，「スレバヨカッタとシナケレバヨカッタ」（237 ～ 240 頁）の要点を意識できるような練習を作成しましょう．
2) あなたが作った場面と例文を紹介しましょう．

例題 4 の解答例

1) **練習の作成**……学習者が自分の経験・体験を評価する状況を設定したうえで，キューを与える（状況設定の例：留学の終わりごろに，留学生活を振り返って友だちと話してください．キューの例：寮の生活，ホストファミリーとのつきあい，勉強，ゼミ旅行，友だちとの行動の思い出）．
2) **場面と例文の紹介**……提示した状況について，場面や例文の適切さ，自然

さの観点から練習作成者同士で（独習の場合は客観的に）評価する．

問題4

教授項目2「ために」と「ように」を例として，初・中級の日本語学習者向けの口頭練習を考えます．

1) 「タメニの用法の整理」から「タメニとヨウニの使い分け」まで（242〜244頁）の要点を意識できるような練習を作成しましょう．
2) あなたが作った場面と例文を練習作成者同士で紹介し合いましょう．

■教材を作成する２≫ 初・中級のロールプレイ，読解教材，作文課題

初・中級レベルの日本語学習者に向けて，「ロールプレイ」「読解教材」「作文課題」を作成します．以下では，次の4つの場面を想定して取り組みます．例題ではいずれか1つの場面を用いるので，それを参考にしながら考えましょう．

①職場の人との接触（社会的生活）：プロジェクトについて会議で振り返る
②日本語の授業（社会的生活）：日本語のクラスで，自分の留学経験を振り返って話す（先生と・友だちと）
③親しい日本人との接触（個人の生活）：ホストファミリーとホームステイ中の経験を振り返って感謝の意を表す
④友だちとの接触（個人の生活）：旅行の経験について一緒に行った友だちと話す

例題 5

初・中級の日本語学習者のためのロールプレイを考えます．

1) 場面③「ホストファミリーとホームステイ中の経験を振り返って感謝の意を表す」のロールカードを作りましょう．
2) 学習者に状況と役割を与え，それらにふさわしい会話ができるよ

うに促しましょう.

1) ロールプレイ……

> カード A
> あなたは留学生でホームステイをし
> ています. もうそろそろ留学生活が
> 終わります. ホストファミリーとホー
> ムステイの経験を話しながら, 感
> 謝の気持ちを表してください.

> カード B
> あなたは留学生のホストファミリー
> です. もうすぐ留学生が帰国します.
> これまでの留学生との生活を振り返
> りながら, 留学生と話をしてくださ
> い.

2) **会話の促し**……ロールカードを模擬的に使ってみて, 指定された場面と役
割に合った自然な会話ができるかといった観点から, 練習作成者同士で (独
習の場合は客観的に) 評価する.

問題 5

場面①～④のうち, いずれかを選んでロールプレイの練習を考えましょ
う.

例題 ⑥

初・中級の日本語学習者向けの読解教材を考えます.

1) 場面②「日本語のクラスで, 自分の留学経験を振り返って話す
(先生と・友だちと)」で求められる Can-do を考えましょう.
2) この場面に即した読解教材を, 学習者のレベルに合った語彙, 文
型, 字数の観点から探しましょう. 生教材で学習者のレベルと合っ
たものが見つからないときは, 適切な読解教材を参考にして自
分で教材を作成します. その際は, 教授項目を適切に組み込んで
ください.
3) ここで作成した読解教材を使って, どのような授業を展開するか
考えましょう.

1）Can-do……学習者が自分の経験・体験を振り返って評価することができるようになる．

2）読み物の例……

〈大学広報誌の座談会の記事〉

留学生センター事務局（以下，事務局） ○○大学では今回初めて交換留学生を迎えました．本日は交換留学生３人の方に集まっていただき，自由にお話いただく中で，Ａ大学のみなさん，そしてこれから留学するみなさんにメッセージが伝えられたらと思います．インドネシアからのアグスさん，アメリカからのジャッキーさん，そしてフランスからのマドレーヌさん，よろしくお願いします．

―留学のきっかけ―
アグス 自由に……，ですね．じゃあ，どうして３人が日本へ，そしてＡ大学へ留学したいと思ったか，から話しましょうか．
マドレーヌ フランスでは日本の映画やアニメがとても人気があって，わたしも子どものときから日本のアニメをよく見ていました．それで日本語の音がとてもきれいだなと思って日本語の勉強を始めて，せっかく勉強したから日本に行ってみたいと思って，それにわたしの大学にはＡ大学に留学した人がまだいませんから，わたしが初めての学生になりたいと思ったんです．それでＡ大学に来ました．
ジャッキー わたしの国はアメリカで，小学校に日本人の先生がいました．その先生の日本料理や日本文化を教えるクラスがとても面白くて，日本語の勉強を始めました．大学に入って日本語を専攻して，本当にたくさん勉強したので，ぜったい日本に行きたいと思いました．そしたら，Ａ大学で留学生を募集していて，HPを見たらとても楽しそうだったので，行くことに決めました．

―留学の思い出―
マドレーヌ 留学生活はどうでしたか．
ジャッキー とても楽しかったです．日本語を上手になる<u>ために</u>，ホームステイを選んで，毎日ホストファミリーと日本語で話しました．日本人の生活のしかたも新鮮でした．
アグス ぼくは寮でいろんな国の留学生と仲良くなれました．みんなで料理を作ったり，一緒に宿題をしたりしました．日本語を習ったばかりの学生もいたから，英語で話すことが多かったかな．もうちょっと寮でも日本語を話せ<u>ばよかった</u>とは思っています．
事務局 キャンパスの生活はどうでしたか．
マドレーヌ 日本語のクラスの宿題が大変でした！ でも，日本人の学生が日本語のクラスに来たり，日本で働く外国人が日本語のクラスにゲストで来たりして，

とてもよかったと思います.

アグス 2学期目は日本語の講義に出ました. すごいチャレンジだったけど, 日本にいなかったらできないので, やってみて<u>よかった</u>です.

――これから来る留学生へ――

事務局 最後に, これからA大学へ留学に来る学生のみなさんにメッセージをお願いします.

アグス A大学はキャンパスがとてもきれいで, 授業も楽しいです. ぜひ来てください!

マドレーヌ 日本語のクラスは大変ですが, 頑張ったらかならず上手になります. 先生はやさしくて親切です. クラスのみんなとも仲良くなれます. 日本語が上手になる<u>ように</u>, 日本語の勉強を頑張ってください!

ジャッキー A大学は, 先生方の授業は面白いですし, 事務の方もみなさん親切に対応してくださいます. また, 日本人学生や留学生といっしょの大学生生活はとても楽しいです. 頑張って留学に挑戦してください!

3) **授業の展開**……1 一緒に読む／2 内容を確認する質問をする (どんな読み物ですか, 座談会というのはどんなことですか, だれが話していますか, 何について話していますか, 留学生活をどう評価していますか, など) ／3 経験や体験を振り返って評価するときの構成を確認する. 学習者の国・地域の表現のしかたと比較するなどを話し合う.

> 問題6

場面①〜④のうち, いずれかを選んで読解教材を考えましょう.

例題 7

読んだこと, 話したことをもとにして, 初・中級の日本語学習者向けの作文課題を作ります.

1) 場面④「旅行の経験について一緒に行った友だちと話す」に関連させた作文課題を考えましょう.
2) 書き手, 読み手, 文章のジャンルや目的, 文体などの設定を提示しましょう.

1) **作文課題**……場面④に関連させて、「将来に向けて、留学生活を振り返る」という課題

2) **各種の設定要素**……書き手（氏名，年齢，性別，出身地域）／読み手（出身地域，国籍，大学，学年）／文章のジャンルや目的（ブログ，留学中の経験や体験の思い出をエッセイ風に書く）／文体（です・ます体），など

問題 7

場面①〜④のうち，いずれかを選んで作文課題を考えましょう．

■授業をデザインする》**教案づくり**

この課で作成した教材を使って，実際に授業を組み立ててみましょう．

例題 **8**

授業の枠組みを設定し，教案を作成します．ウェブ上の「教案フォーマット」を活用してください．

1) ここまで作成した教材で，学習者に求められる Can-do を確認しましょう．
2) 授業形態（人数，学習者情報，教材・教具，教室環境など）を想定しましょう．
3) 口頭練習，ロールプレイ，読解教材，作文課題などの活動をどの順で展開するか考えましょう．
4) 教授項目をどのように導入するか，説明はどのようなことに注意するかを考えましょう．
5) 各活動を行う際，どのような指示を出すかを考えましょう．

例題 8 の解答例

1) **Can-do 〜** 5) **指示**……ウェブ上の「第 1 課の教案例」，「第 2 課の教案例」を参照のこと．

┃場面①〜④のうち，いずれかを選んで教案を作成しましょう．

おわりに
「開発型日本語教師」としての日本語分析，教材作成，授業デザイン

学習の振り返り

　この教科書での練習を通して，あなた自身の日本語を振り返って分析し，いろいろな教材，教案を作ってきました．ここで，現在のあなた自身の考えを整理しましょう．

　①あなたにとって「いい日本語教師」とはどのような教師ですか．思いついたイメージを書き出してください．

　「はじめに」で考えたように，「明るい」「根気がある」「日本語についての知識を持っている」「外国語教授法についての知識がある」「学習ストラテジーについての知識がある」「日本語運用力がある」などいろいろ出てくると思います．また，「はじめに」で取り組んだときとは違うイメージが出てくるかもしれません．正解，不正解はありませんから，自由に書き出してください．

　②書き出したイメージを，次の観点で分類しましょう．
　　A　教師という観点から
　　B　言語教育・語学教育という観点から
　　C　日本語教育・日本語教師という観点から

　「はじめに」のときと同じように，分類してください．今はより整理しやすくなっているかもしれません．

　③「はじめに」のときのイメージと比べましょう．

　本書に取り組む前と後とで，あなた自身が思い描く「いい日本語教師」は同じですか．違いますか．より具体的な輪郭が出てきたかもしれません．またこれからどのような実践や工夫，努力を積み上げたらいいかについて，より具体的なイメージが持てるようになっていたらいいと思います．

これからの時代に求められる日本語教師とは？

　日本語教育は古くは16世紀後半までたどることができますが，目覚ましく発展したのは，戦後，特に日本語教育の主専攻ができた1980年代後半以降です．この間，日本語研究も進み，教材も多く開発されてきました．日本語教師向けのマニュアルと呼ばれるものも多く刊行されています．つまり，すでに「あるもの」や教師用マニュアルを活用すれば一定の授業が行える環境が整っていると言えます．

　しかし，だからといって「完成」したものでないのも事実です．本書で扱ってきた項目は，日本語教科書に整理された形で記述されていないものが多いですし，授業にどのように取り入れるかについても検討されていないものが多いです．このことは，これからの日本語教育が内容的にもまだまだ発展していくことを示しています．

　このような中で，日本語教師という専門家に求められるのは，"マニュアル志向"を脱却して，「まだないもの」「改良の余地があるもの」に気づき，新しく生み出していく力です．そのためには，学生の声や現場の日本語教師の声をよく聞き（傾聴），自らの日本語を振り返り分析し（内省），既刊の専門書や資料にあたりながら考えや分析を深め（研究），同僚との実践と情報共有を大事にしながら（協働），新しい授業，教材を生み出していくこと（開発）が必要です．

　本書はこのような考えのもと，まだマニュアル化されていない項目を皆さんと一緒に考えながら，日本語を分析し，教材を作成し，授業デザインをする中に挑戦と創造性があることを共有したいと思って企画されました．日本語教師を目指す皆さん，ぜひ「開発型日本語教師」であることを心がけて，日々の授業でそれを実践してください．

参考文献

Brown, P. and Levinson, S.（1978, 1987）*Politeness: Some Universals in Language Usage*, Cambridge University Press.（田中典子監訳『ポライトネス——言語使用における，ある普遍現象』研究社，2011）

Grice, P.（1967）"Logic and Conversation" in Grice P.（1989）*Studies in the Way of Words*, Harvard University Press.（清塚邦彦訳『論理と会話』勁草書房，1998）

池上嘉彦（1981）『「する」と「なる」の言語学——言語と文化のタイポロジーへの試論』大修館書店.

─────（2011）「日本語と主観性・主体性」，澤田治美編『ひつじ意味論講座5　主観性と主体性』ひつじ書房.

池上嘉彦・守屋三千代編著（2009）『自然な日本語を教えるために——認知言語学をふまえて』ひつじ書房.

学校法人国際基督教大学（1996）『Japanese for College Students Basic Vol. 1』講談社インターナショナル.

川口義一・横溝紳一郎（2005）『LIVE！　成長する教師のための日本語教育ガイドブック』上・下，ひつじ書房.

小林ミナ（1998）『よくわかる教授法』アルク.

近藤安月子（2008）『日本語教師を目指す人のための日本語学入門』研究社.

─────（2018）『「日本語らしさ」の文法』研究社.

近藤安月子・小森和子編（2012）『研究社　日本語教育事典』研究社.

近藤安月子・姫野伴子編著（2012）『日本語文法の論点43』研究社.

高見澤孟（2004）『新・はじめての日本語教育2　日本語教授法入門』アスク出版.

文化庁（2007）『敬語の指針』.

文化庁（2019）『日本語教育人材の養成・研修の在り方について（報告）』.

松岡弘監修（2000）『初級を教える人のための日本語文法ハンドブック』スリーエーネットワーク.

丸山千歌（2018）「Can-do の理論を中心とした教育実践の質的向上と教師教育」『日本語教育実践研究』第6号，立教日本語教育実践学会.

索　引

著者略歴

近藤 安月子（こんどう あつこ）
東京大学名誉教授．国際基督教大学教養学部卒，コーネル大学大学院 Ph.D.
（言語学），カンザス大学専任講師，ハーバード大学専任講師，コーネル大学
Teaching Assistant，東京外国語大学外国語学部助教授，東京大学大学院総
合文化研究科教授を歴任．『中・上級日本語教科書 日本への招待 第 2 版』
『上級日本語教科書 文化へのまなざし』『中級日本語教科書 わたしの見つけ
た日本』（以上，東京大学出版会），『日本語学入門』『日本語文法の論点 43』
『研究社 日本語教育事典』（以上，研究社）などを執筆・編集・監修．

丸山 千歌（まるやま ちか）
立教大学異文化コミュニケーション学部教授．国際基督教大学教養学部卒，
同大学大学院博士（学術）．東京家政学院大学，東京大学 AIKOM 日本語プ
ログラム非常勤講師，横浜国立大学留学生センター准教授を経て現職．
『中・上級日本語教科書 日本への招待 第 2 版』『上級日本語教科書 文化へ
のまなざし』『中級日本語教科書 わたしの見つけた日本』（以上，東京大学
出版会），『総合日語 第 2 冊』（北京大学出版会・凡人社），『新界標日本語』
（復旦大学出版会）などを執筆・編集．

日本語教育実践入門
日本語の分析から教材・授業の創造まで

2021 年 4 月 9 日　初　版

［検印廃止］

著　者　近藤安月子・丸山千歌
　　　　こんどうあつこ　　まるやまちか

発行所　一般財団法人　東京大学出版会
　　　　代表者 吉見俊哉
　　　　153-0041 東京都目黒区駒場4-5-29
　　　　http://www.utp.or.jp/
　　　　電話 03-6407-1069　Fax 03-6407-1991
　　　　振替 00160-6-59964

組　版　有限会社プログレス
印刷所　株式会社ヒライ
製本所　誠製本株式会社

近藤安月子・丸山千歌 編著
中・上級日本語教科書　日本への招待　第 2 版
　テキスト　　　　　　　　　　　　　　　　　　　B 5 判／2400 円
　予習シート・語彙・文型　　　　　　　　　　　　B 5 判／2800 円

近藤安月子・丸山千歌 編著
上級教科書　文化へのまなざし
　テキスト　　　　　　　　　　　　　　　　　　　B 5 判／2500 円
　予習シート・語彙・文型　　　　　　　　　　　　B 5 判／3400 円

近藤安月子・丸山千歌・有吉英心子 編著
中級日本語教科書　わたしの見つけた日本　　　　　B 5 判／2600 円

二通信子・大島弥生・佐藤勢紀子・因京子・山本富美子 著
留学生と日本人学生のためのレポート・論文表現ハンドブック　A 5 判／2500 円

二通信子・門倉正美・佐藤広子 編
日本語力をつける文章読本　　　　　　　　　　　　A 5 判／1900 円
知的探検の新書 30 冊

ここに表示された価格は本体価格です．ご購入の
際には消費税が加算されますのでご了承ください．